台灣百人傳 1

莊永明◎著

新
議會未成功
要求自由平等
倡民權
爭平等
打破專制主義
同志須努力
竹
大正十五年臺灣議會請願委員餞別會

目錄

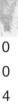

序

和四百年來的台灣連線，和廿一世紀的國際思惟與脈動連線

樺舍文化事業編輯總監 [signature]

時間是公元一九九三年一月二十四日。

蜚聲國際的「時代雜誌集團」（Time Inc.），將她的寵兒——《PEOPLE》雜誌創刊以來的第一個國際外文版交給了台灣，這一天，《PEOPLE國際中文版》正式在台北創刊。更具意義的是，那也正是台北城動土興工一百一十一年的日子。《台灣百人傳》就是在這個充滿紀念、饒富意義的日子裡，在這樣一份標舉「國際思惟、本土行動」的媒體上，寫下她的第一筆。

七年之後，這個專欄終於結集出書了，在新舊世紀交替之際的二〇〇〇年。一切都是那麼的巧合，彷彿天生命定這樣一部作品要與歷史同步似地。

這樣的起頭，太嚴肅了嗎？太沉重了嗎？

有一點吧！

偉大的書的序一定都得這樣寫嗎？

不一定吧！

放輕鬆，認識型塑台灣歷史最重要的一百個人物，其實可以不必正襟危坐。

泡杯茶，我請莊永明先生來和您慢慢聊……

莊永明是一九四二年出生的，長我十三歲，按照現在的「世代計算法」，已經可以算是大我一個世代的人物了，可是打從我們認識開始，彼此便都是以姓名相稱，一直到現在都還沒有改變，彷彿世代的隔閡與界限，完全不存在似的。也許是因爲當時的我們都還年輕吧！那時，莊永明才四十一歲，我也只有二十八。

那是台灣報業彩色版快速起飛的年代，中國時報生活版在一九八三年一月推出了轟動一時的四格漫畫《烏龍院》，許多人每天早上打開報紙不管第一版頭條是啥，直接就翻到彩色的生活版看烏龍院；莊永明的《台灣第一》，也是那一次改版後推出來的強打。

半年之後，策動改版作業的藝文組主任詹宏志先生赴美主編美洲中國時報，原任主編張武順先生升任藝文組主任，我也從工商時報副刊調過來接任生活版主編；就這樣，在「大風吹」和「前人餘蔭」雙重作用之下，沒經過任何努力，我直接繼承了莊永明和《台灣第一》這兩筆珍貴的「資產」。

那也是一個對「台灣」這個議題還很敏感的年代，雖然國幣的發行已經由中央銀行交給了台灣銀行，雖然愛國歌曲〈台灣好〉唱遍每個人的嘴巴，雖然每逢台灣光復節，各界也要普天同慶薄海騰歡一下，可是如果警總的影子沒有主動存在你的心中，關於台灣的東西講多了，眞實的警總很可能就會走進你的家中。

所以我們知道台灣有五市十六縣，知道台灣有台中、台南、台北、台東還有台西，知道台灣有個阿里山，知道阿里山種樹木我們明年回大陸，知道台灣是三民主義模範省，可是關於台灣的歷史、哪些人寫下了台灣的歷史，我們不是屈指可數，而是幾乎搔不著頭腦。

透過當時最具收視力量的媒體版面，《台灣第一》終於大量曝光，而且居然幸運地沒受到警總的什麼干擾，中國時報的讀者們便在一周一篇的韻律當中，認識了一個又一個型塑台灣歷史的人物。

而我，則在一周一回的約稿接觸當中，愈來愈沉醉於莊永明和他一屋子台灣資料的「無底深坑」裡頭。

之後的七、八年裡，我輾轉調任時報出版公司、中國時報文化新聞版、民俗周刊版、開卷版和時報周刊等單位，但不論我在哪裡工作，只要是和台灣過去的生活面向有關的請益或是約稿，第一個想到的人，總是莊永明。

在時報的日子裡，我的工作單位不斷轉換，但總脫離不開藝文與生活的範圍，而莊永明不斷有新作發表，面向甚廣，卻也幾乎都和「老台灣」脫不了干係。不過，如果你以爲莊永明的功夫就只有台灣一味，那麼，在嘲笑他老土之前，請先把老土的名牌往自己身上掛一下。

莊永明收藏的資料無所不包，郵票和明信片更是他的看家本領，別人三日不讀書便覺面目可憎，他則是三日不逛集郵社便寢食難安。一旦鎖定一個主題，任何國家地區的郵票或明信片他都會想辦法弄到。有一年我走了一趟布拉格，回來後不經意聊了起來，他說他收藏了一些捷克的明信片，我以爲大概就是幾十張吧，沒想到過了幾天，他拿了「一些」給我看，你知道這「一些」有多少嗎？一個結婚喜餅盒子，將近千張，全部made in捷克。

莊永明的資料收藏功夫眞的是萬底深坑。他收藏台灣，卻不把掃描的範圍局限在台灣，「國際思惟，本土行動」現在看來時髦，莊永明卻不知早在多少年前就已經實踐，而且實踐得自自在在、渾然無痕。看似凡事都和「懷舊」畫上等號的莊永明，其實是很年輕的。

這，或許也就是相差十三歲的我和他自始至今都還姓名相稱的原因吧。

後來我揮別時報、轉戰雜誌，一九九二年七月，開始籌備《PEOPLE》國際中文版的創刊。在這之前，我先後參與過《Harper's Bazaar》和《Elle》台北國際中文版的創刊，這兩個國際品牌的工作經驗，讓我深切體會到「國際思惟，本土行動」的重要，在一個國際中文版上開闢台灣本土專欄的想法，愈來愈深，「莊永明」三個字又浮上我的編輯檯前。

更巧的是，在一份資料中，我發現台北城是在一八八二年一月廿四日正式動土興工的，距離《PEOPLE》國際中文版的預定創刊日一九九三年一月，恰好一百一十一年。這麼多的「一」薈萃於斯，不找「台灣第一」莊永明來開一個專欄，簡直就是愧對老天的安排，於是我拿起電話，和這位「老」友定了個約會。

幾杯茶在嘴裡轉了好多圈，沒有白轉，我們要開一個新的專欄，叫做「台灣百人傳」。

這個專欄的設計，至少表達了幾個意義：

第一、「百」代表「完美」，我們要在時空隧道中，尋找對台灣民眾生活最具影響力的完美人物，透過對他們的認識，了解台灣的身世。

第二、「百」代表多數，所選的人物不一定非要剛剛好不多不少一百人不可。九十九人也可、一百〇三人無妨；爲台灣寫下歷史的重要人物不能給配額，生活的歷史尤其不能死板板。

第三、廿世紀的一百年已近尾聲，廿一世紀的另一個一百年等著我們向前，如果，從九三年一月開始，每月寫一人，那麼到二〇〇〇年一月，當全世界都在告別廿世紀這一百年、迎接廿一世紀這另一個一百年時，《台灣百人傳》也差不多寫滿一百個人，可以堂堂皇皇結集出書了。「百年」與「百人」相互輝映，又是另一樁美談。

怎麼做呢？

我們希望透過《台灣百人傳》了解台灣的身世，卻不想染上歷史的沉重，因此，在我和莊永明的構想裡，一定要跳脫「編年史」的時序框框，而以人物的特性與成就做爲選材的標竿。選材的空間範圍，涵蓋台灣本島和澎湖、蘭嶼、綠島。選材的時間範圍，則自明朝萬曆廿五年（西元一五九七）初置澎湖遊兵開始，到一九四九年爲止；但是尚未蓋棺者，我們暫不論定。

公元一八八二年一月廿四日，台北城正式興工，從此，台灣的大都會發展史，就逐漸從「台南時代」、「鹿港時代」，進入了「台北時代」。

公元一九九三年一月，台北建城興工一百一十一年紀念的日子，《台灣百人傳》專欄在台北創刊的PEOPLE國際中文版寫下第一筆——和國際連線，和台灣連線，和people連線。

公元二〇〇〇年六月，《台灣百人傳》系列在台北發出她的第一冊——和四百年來的台灣連線，也和廿一世紀的國際思惟與脈動連線。

自序　台灣百人傳

作者　莊永明

一九九七年九月，《People》（時人雜誌）國際中文版以「再見！台灣再見！」發行最後一期之後，終於休刊。《People》中文版創刊於一九九三年一月，總共累積了五十七期，我從「試刊號」即發表「台灣百人傳」系列文章。「台灣百人傳」是《People》一個叫好不叫座的重要專欄，長期在《People》以文字示人的我，也在最後一期的〈台灣第一的家〉一文中，以「癡人」的面貌被介紹出來。這篇文章顯然對我有諸多過譽之處：只因我曾出版《台灣第一》一書。

〈永恆的台灣人〉是我在《People》的告別之作，此文原來的副標是「一百年前和五十年前的台灣人」，乃主編鄭林鐘特別邀請的特稿，應該算是「台灣百人傳」的「外一章」作品。當年是一九九五年，很明顯的，它是爲一百年前的一八九五年，日本政府占領台灣，一九四五年，國民政府統治台灣而寫的「紀念文」。我特意找出這篇文章做爲代序，原因之一是本書的傳主都是《People》「台灣百人傳」的人物，而且也算對「時代背景、時代意義、時代眞實」做一個「告白」。

「台灣百人傳」會在《People》暫停，在此我有必要做點聲明，乃因彼時我正在撰寫「台灣醫療史」。其實，我的資料蒐集已有「百人」的建檔，卻在《People》最後幾期留白，不無遺憾。

遲遲未將這些稿件集結成書，當然是自覺仍待努力，而今心岱小姐一再催促，盛情難卻，乃重拾舊稿，再加修正。深信藉此將「台灣人」成誌顯影，必能改寫《People》的告別標語「再見！台灣再見」的「過去式」，成爲「現代式」或「未來式」，畢竟台灣是可以再見（呈現）的！

永恆的台灣人

——一百年前和五十年前的台灣人

一八九四年，清廷因朝鮮問題與日本「開打」，史稱「甲午之戰」，一個龐大的大陸國家，竟然被一個蕞爾島國所擊潰；導致一八九五年四月十七日，清、日兩個帝國的首相——李鴻章和伊藤博文在日本馬關（又名下關）簽下了和約。這一紙被稱爲「馬關條約」、決定了台灣人命運的和約共有十一條，其中關係台灣的是第二款及第五款。

第二款規定：「中國將管理下開地方之權，並將該地方所有堡壘、軍器、工廠，及一切屬公物件，永遠讓與日本」，其中割讓台灣的範圍明定如下：

（一）台灣全島及所有附屬各島嶼。

（二）澎湖列島，即英國格林威治東經一百一十九度至一百二十度止，及北緯二十三度起至二十四度之間諸島嶼。

第二款可以稱爲「割地條款」，也就是說，大清帝國「收復」了明鄭在台灣所建立的東寧王國，做了二百一十二年的主人後，把她做爲戰爭失敗的「償債品」，賠了出去！這塊土地所有權的讓度，清朝政府不問台灣島上「主人」的意見，因爲他們自認是「台灣主人的主人」；不高興時，把他做爲還債的工具，「台灣人」是不容有意見的。

日本政府要定了台灣，卻同意「尊重」台灣人的意見，願意給與台灣人選擇國籍的「自由權」，所以第五款做了如此的規定：

「本約批准互換之後，限二年之內，日本准中國讓與地方人民願遷居讓與地方之外者，任使變賣所有產業，退去界外，但限滿之後，尚未遷徙者，酌宜視為日本臣民。」

● 馬關條約簽約的畫作。台灣人在此「賣身契」中變成「日籍台灣人」。改朝換代後，台灣人也有了「新觀念」和「新視野」去做這個島嶼的「反抗者」。

日本政府顯然以「要地不要人」做爲前題，給台灣人兩年時間做「何去何從」的考量；台灣人在限期之內可以離開台灣，不做「日本人」。

台灣人的賣身契——馬關條約所規定的「住民去就決定日」，於一八九七年五月八日到期，根據統計，不願做「日本人」而離去的台灣人，只有六千四百五十六人，僅占當時台灣總人口數二百八十萬的〇・二八%而已。留下來的人，並不是心甘情願要做「日籍台灣人」，而是想繼續做「在地的台灣人」，因爲他們認同台灣。「根在台灣」的心，讓他們「不管」統治者是誰，默默接受掌理台灣政權的「外來政權」，這是台灣人的悲哀，也是台灣人的無奈。

日據時代的在地台灣人，始終認爲自己才是「廟公」，而日本殖民政府是外來的「乞丐」。流落歷史街頭的台灣人，永遠記得「乞丐趕廟公」這句俗話。

日據初期，興起一波又一波的武裝抗日，台灣人用竹篙（竹桿）湊菜刀和日本軍隊的刀尖砲利相「車拚」（戰鬥），不惜犧牲，只是想「回廟」再做「主持」。

一九二〇年代，日本統治台灣的政權已趨穩固，台灣人不得不以「立足」來證實自己的「在地」身分，不願做「二等國民」的呼聲不時出現，因此有「台灣議會期成運動」、「台灣文化協會」、「台灣民眾黨」等結社組織，積極反對殖民政府的行政措施。而日本官員竟以如此口吻回應：「若是反對同化政策，須要退出台灣。」「大家若嫌稅貴（高），儘可退去台灣吧！」這種企圖動搖台灣人「立足」的惡話，叫台灣人離開台灣的做法，引起蔣渭水的不滿，他在一九二四年以一篇〈隨想錄〉，做如此的冷嘲熱諷：

「……明治二十八年五月八日，日清媾和條約批准以後，……對台灣人民給

與二年退去期限……三十年五月九日以後，依舊住台灣的人，自然是願意做日本國民的意思了。不但自己這樣想，連日本政府也是看做這樣的哩！所以現在日本籍的台人，是已經做了三十年的日本百姓。而今台灣人的政治運動，是要促使政府改善政治上的弊端，可說是一種愛國的行動。這國民的政治運動，乃是國民的權利，也是國民的義務啦！怎麼叫這政治運動的台灣人，宣告退出的壞話呢？這句話實在是『非同小可』的呀！以身食國家之祿，對人民說這話，實在難免無責咧！……日本領台至今，已經有三十年了，在這時候，還要對台人宣告三十年前的退去命令，是有什麼必要呢？豈不表示這三十年來的治台政績，全沒有進步嗎？」

日軍占領台北城，揮軍進入北門，「抹壁雙面光」的台灣人拿著「歸順良民」的旗幟歡迎「新政權」。

日本人對於清代治理台灣期間所發生的「三日一小亂，五日一大亂」，必然有些了解，而且據台之初，遭到他們所稱的「土匪」，也就是我們歷史記載的「義民」三不五時的反抗，有所警惕，因此在還未陷入第二次世界大戰的泥淖之前，台灣人沒有服兵役的「權利」，因爲日本人怕台灣人會搞「兵變」，而軍人的「高尚」身分，不是台灣人可以染指的。

一九二四年八月，彰化人黃呈聰在《台灣民報》第二卷第十五號發表〈對於台灣人兵役義務的問題〉，以「台灣雖爲帝國的臣民，不過有納稅的負擔，而沒有兵役的義務」，向日本當局提出了質疑，他說：「想是領台當時對新附民（即台灣人）抱懷疑的心，恐怕其對本國不能忠實奉公，所以不使新附民負擔兵役的義務。」黃呈聰爲爭取台灣人服兵役，進一步指責說：「台人兵役義務的有無，全在當局之施行不施行，不是台人之不盡其義務了。」

日本掀起侵華戰爭之初，當然不希望台灣人插一手，恐怕徵調有漢人血緣的日籍台灣人到中國戰場，會使「台灣人打中國人」演變成「幫助中國人打日本人」的局面，難怪台灣總督府會訓練高山族（原住民）投入中國戰場。然而，中國以「空間換取時間」的政策，拉長了日本軍隊的戰線，兵源不濟，後來還投入「大東亞」戰場，更是忙得疲於奔命，於是不得不動到其「臣下」台灣人的腦筋，喊出「膺懲暴支，驅除美蓄」做爲參加「聖戰」口號，經由募兵、徵兵，將一批一批的日籍台灣兵驅策到戰場，以「天皇赤子」的身分參加太平洋戰爭，出生入死。

台灣人參加了這一場莫名其妙的戰爭，結果不是淪爲戰俘，就是成了「可憐無定河邊骨」。

一九四五年八月十五日，日本裕仁天皇透過無線電廣播投降詔書，表示願意無條件投降、接受波茨坦宣言的這一天，日本戰敗，台灣人稱之爲「終戰」或「降伏」，算是日本在台灣五十年殖民統治的結束，也就是說，台灣人不再是「日本籍的台灣人」，而是等著「祖國」接收、沒有國籍的人。

沒有國籍的台灣人，當然沒有政府的統治；繳械的日本軍隊準備移交的殖民政府，已經放棄了「管理權」，等待被遣俘返日。一九四五年八月十六日，末代台灣總督安藤向全台廣播：「諭勿輕舉妄動，靜待善後措施。」靜待有個新政府的台灣人，自八月十五日裕仁天皇宣布投降的隔天等到月底，整整半個月望不到打了勝戰的「祖國」軍隊來到，九月也幾乎處在「等無人」的狀況；到了十月五日才傳聞有位中國將軍飛臨台灣。

前進指揮所主任葛敬恩率領數十名官員，搭乘美軍飛機抵達台北松山機場，爲日後國府派任的行政長官陳儀來台就職做準備工作。台灣人引頸企盼的「祖國高官」終於來了，不幸後來「高官」成了「狗官」。台灣人私下譏諷日本人爲「狗」，而國府來的「狗官」，卻是「豬」的模樣，因而有「狗去豬來」的說詞出現。

開羅會議後，國民政府已有收回台灣的打算，因此在一九四四年四月，於中央設計局內成立「台灣調查委員會」，派陳儀出任主任委員，積極布局接收台灣的準備工作。待日本正式投降，「台灣省行政長官公署」於九月一日在重慶成立，任命陳儀爲台灣省行政長官。不知是陳儀不急於履新，還是中央交代的事未予傳達，這位新任台灣首長竟然遲不來台，一直到了十月二十四日，也就是受降典禮的前一天，才以「台灣省行政長官兼台灣警備總司令」的身分，偕同交通處長嚴家淦、工礦處長包可永、美軍陸軍上校顧德理、海軍上校凱爾於午後十二時五十分，從上海飛抵台北。

從八月十六日到十月二十四日整整七十天，台灣人沒有國籍、沒有政府，是名副其實的「亞細亞孤兒」；黃得時教授稱這段歷史爲：「眞空七十天」。無政府狀態的台灣人，過的是什麼樣的日子？

過去飽受日本人的壓制，如今「出頭天」的台灣人，不免採取一些報復行動，然而私刑懲罰日本人的行爲畢竟是少數的個案。大體來說，台灣人保持著「君子不計小人過」的風度，與蔣介石「以德報怨」的政策相呼應。而一些平日作威作福的日本刑事警察，這時也閉門思「過」，不敢出門一步。

十月十日，台灣人舉行盛大的中華民國國慶，慶祝「第一個雙十節」，各地演戲、燃放炮竹，提燈遊行，盛況感人。

十四日，中國空軍司令部派機來台空投〈告台灣同胞書〉，雖是善意的問候，卻引起一陣騷動。因爲大戰末期，美軍B24、B29轟炸機經常對台進行破壞性的轟炸，人心惶惶，難怪會聞「機」色變。

十五日，各地青年競相組織「三民主義青年團」，幫助維持社會秩序，「三民主義」一詞竟成了口頭禪。大家雖然不懂三民主義就是民族、民權、民生三大主義，但三民主義倡導的「自由、平等」，是做亡國奴的時代所嚮往的。祖國所談的三民主義，既是「救國主義」，也就是「救人主義」，而台灣人被救出來了，也享有三民主義所賦與的權利，「三民主義隨在人！」成了大家慣說的俗話。民主是以人民爲主，主人較大天，也就是「隨在人」！

幸好，台灣人一向有「序大序小」（尊長之分）的觀念，一切講求情、法、理。日本人在「法律」上的威權「教育」，也「教」得台灣人服服帖帖，守規矩，有分寸，不敢隨便亂來，更何況是作奸犯科，因此「三民主義隨在人！」說說而已，不會用來違法犯紀。

日治台灣五十年，建設了不少的事業，而事業的經營主管都是「內地人」（日本人）。戰敗之後，所有權沒有了，經營權也得移交，跋扈專橫的日本主管認爲他們放下了工作，台灣人就有苦頭吃了。「頂司」日本人袖手不管，「下司」的台灣人義不容辭頂下所有的工作，讓一切運作順利進行，還期盼「祖國的政府」趕快派員接收。

「眞空七十天」，沒有政府、沒有事業主管，「當家做主」的台灣人從疏散地回來後，每天「出勤」（上班），回到工作崗位，不怕領不到薪水、不計較工作是否白幹，因此幾乎所有日本人遺留的事業，得以不停頓、不休工。台灣人發揮了高度的「自治精神」！

「眞空七十天」當中，與民生最密切的電力、自來水照樣供應，沒有一天停電停水，其他如郵政、電話、公路、鐵路一樣暢通無阻。

疏散到鄉下的呂泉生也自動回到「台北放送局」（中廣前身）上班，恢復正常廣播。他還熱心的幫聽眾尋找中華民國國歌的唱片，想不到發現的資料寫的是中國國民黨黨歌。

日本殖民政府發行的台灣銀行鈔票，雖然出現通貨膨脹的現象，但照樣流通，買的照付，賣的照收，不因沒有政府的「信用保證」成了廢紙，維持經濟的安定。

黃得時教授追憶這段「眞空七十天」，說了一段很重要的話：

「尤其是要大書而特書的，是治安的良好。我曾經把這七十天的報紙通通查遍，並未發現有一件搶劫、殺人、強暴的案件。這是因為一般老百姓都認為自己已經脫離日本殖民地的桎梏，好不容易才歸回祖國，成為大漢民族，因此，必須保持大漢民族的胸襟與矜持，絕不作姦犯科而來的。況且台灣自從日據時代以來，嚴禁民間持有槍械，所以不會發生槍擊案件。至於歹徒殺傷警察之事，五十年間，很少發生。即使深夜一時至二時，在大街小巷一個人走路，亦不會遭到歹徒的殺傷或恐嚇。」

台灣人期待祖國接管的心情是有目共睹的。不少人每晚學唱中華民國國歌，有人知道中華民國國旗是迎接接收人員不可少的，因此趕製國旗，「青天白日」有多少道光芒，根本不知道，連國旗怎麼掛也不曉得。「太平町」（延平北路）街道高懸的歡迎標語，雖然沒有將國旗畫倒了，不過也掛反了，左右異位。

講「國語」，也成了學習時尚，熱潮熾烈。台灣流行歌曲作詞家陳君玉早年去過大陸，說得一口「官話」（北平話）。戰時，陳君玉是台北市僅有三處「北京話講習所」的講師，他在大稻埕開設「燕京語同好會北京語講習所」。日本殖民政府允許開班授課，是爲了「培養翻譯人員」，攻打「支那」不能沒有懂得「支那語」的人。盟軍飛機轟炸台北最猛烈之時，陳君玉疏遷到樹林鎮附近山上，講習所也因此停開。大戰終了，他在台北講習所的鄰居跑到山上通知他說：「先生，快下山來吧！講習所的門快要給砸破了！」於是他趕忙下山，掛起「呢喃巢讀書會國語補習班」的招牌。

「喜離苦雨淒風景，快睹青天白日旗」，這是歡迎國府軍隊的對聯。然而大家群聚基隆，看到下碼頭的竟是衣著破爛，挑鍋背傘，裝備不佳，精神萎靡的「棉被兵」，好不失望！

一九四五年十月二十五日，中國戰區台灣省受降典禮在台北市公會堂（今中山堂）舉行，由台灣省行政長官陳儀代表中國戰區最高統帥受降，正式宣布：

「從今天起，台灣及澎湖列島，已正式重入中國版圖，所有一切土地、人民、政事皆已置於中華民國國民政府主權之下。」

台灣的「主人」，由「台灣總督」變成了「台灣省行政長官」。

日治時代，台灣人奉公守法、「足規矩」（規規矩矩做人），在日本嚴刑峻法「調教」下，可以說一介不取，而且夜不閉户。然而新政府一到台灣，就發布了一些台灣人聽不懂的名詞：禁止「揩油」、「舞弊」、「貪污」、「回扣」。替公家辦事，是天經地義的職責，是一項榮譽，怎能不戰戰兢兢，如履薄冰？惟恐做不好事，哪能占公家便宜？什麼叫揩油？怎麼舞弊？如何貪污？取回扣？搞得台灣人很「認眞」地探求其中奧秘。

台灣省長官公署也許是因爲接收日產忙暈了頭，竟然忘了轄下的台灣人已經有七十天沒有國籍，彷彿有人被統治就行了，管他「何許人」？反正他們是日本人不能「要」的台灣人！

一九四五年十一月三日，台灣行政長官公署公告：本省日據時期印有之郵票，加印「中華民國台灣省」字樣，暫行通用。這段「改朝換代」的時期，竟然還有鄉下郵局郵戳日期的年度，仍沿用日本昭和二十年，而不是中華民國三十四年或西元一九四五年。有位集郵家曾收藏一封「不知今夕何夕」，誰在當朝主政都不清楚的實寄封，可惜這一封珍郵不幸被竊，不然可以裝版供大家欣賞，看看這大時代的小插曲。

十一月二十二日，行政長官公署宣布，爲破除日本統治觀念，公布「各縣市街道名稱改正辦法」，先頒發台北、基隆、高雄三市政府遵辦，規定於當地縣市政府成立後兩個月內，將所有街道之日本名稱一律改正爲「發揚中華民族精神或紀念國家偉人之名稱。」今日台北市的街名成了「秋海棠葉」的版本，迪化街、天水路、酒泉街、哈密街、承德路……，以中國北方的地名做爲台北市北區的街名，使原本是台北市繁華的大稻埕地區，竟成了大陸的邊陲地帶！台灣各都市都有中華、中山、中正三條幹線道路，其法源也是來自這一段命令。

十二月十一日，行政長官公署又下了一道命令，公布「台灣省人民恢復原有姓名辦法」，日據時代因日本殖民政府推行「皇民化運動」，改爲日本姓名之人，得以恢復原有姓名。「牧野雄風」回復爲林金生，「楊佐三郎」變成了楊三郎。

一九四五年年底，國民政府終於注意到他們「忘記」恢復台灣人的中華民國國籍，始明令沒有國籍的台灣人爲「中國人」。

台灣人此後開始「談天說地」，以「五天五地」的流行語來諷刺接收官員的顢頇和「無天無地」：

(一) 日本投降前，因為盟軍飛機轟炸，所以「驚天動地」。

(二) 日本投降後，聽到台灣從此光復，所以「歡天喜地」。

(三) 接收人員到台灣，原性不改，所以「花天酒地」。

(四) 重用外省官員，輕視台胞，政治混亂，所以「黑天暗地」。

(五) 工廠關門，交通阻塞，物價飛漲，所以「呼天喚地」。

陳儀蒞台時宣告的「治台」口號：「實行三民主義」和「建設模範的台灣」，也被台灣人改爲「實行三民取利」和「建設謀叛的台亂」，接收則被稱爲「劫收」。台灣人對新來的政權，失望極了。

歷史學家說：「二二八事變的發生，是必然的，而不是偶然的。」眞有其道理。

一百年的往事已成雲煙，五十年的今事也必將「過眼」。一個世紀未必短促，半百歲月也必是漫長。台灣人不管以歷史意義來描述，或是用地理名詞來訴說，總是一句永恆的「名詞」；永恆就是不滅，永恆就是存在，不是嗎？「永恆」的台灣人不應再做「悲哀」的台灣人了！

（1890～1931）

一代熱血男兒

蔣渭水

【語錄】

● 「台灣人握有世界和平第一道關口的鑰匙。」

● 「動搖時代對人類而言，是最幸福的時代；有了今日的動搖，才能有明日的進步；即動搖終究會導向進步，實乃進步之母。」

● 「同胞須團結，團結真有力！」

● 「團結是我們唯一的利器，是我們求幸福、脫苦難的門徑。」

【評價】

● 「革命家最大的必備條件，就是始終不渝的反抗精神，……渭水先生在這一點，可以說是夠水準的領袖。」——葉榮鐘

● 「在台灣民眾中間，『蔣渭水』三字，就是意味反抗日人，尤其是反抗日本警察的語彙。」——楊雲萍

● 「（蔣氏是）熱血男兒，渭水之後，更無渭水其人。」——《經世新報》

●蔣渭水的故鄉──蘭陽龜山島。波濤壯闊的海洋代表著是他那「徹底的性質與不妥協的精神」；這位噶瑪蘭子弟，正是衝擊日本殖民政權的一股巨浪。

「二十年辛苦爭平等，半世奔馳倡民權。」一九二〇年代，蔣渭水在台灣的啓蒙運動、政治運動、社會運動獻出其血和汗、發揮其光和熱，而使其身和影成爲台灣民眾追思的典範。有「一代熱血男兒」之稱的蔣渭水，被譽爲「台胞非武裝抗日運動最具影響力的人，也是最能發揮民族運動影響力者」。

念醫學校 燃政治熱

蔣渭水，宜蘭人，一八九〇年八月六日（舊曆六月二十一日）出生（其日據時代戶籍謄本記載爲：明治二十一年二月八日，即一八八八年，名字登錄爲「蔣謂水」）。

父親蔣老番（學名蔣鴻章）以相命爲業，在宜蘭城隍廟口做「算命仙」，爲人卜卦。蔣渭水童年時做過乩童，十歲受業於宜蘭宿儒張鏡光秀才，得以具備不錯的漢學素養。他一度在宜蘭街役場（公所）當過工友，補貼家計，一直到十七歲（一九〇六年）才進入宜蘭公學校，當起小學生，不過念了三年就畢業了。

一九一〇年四月，二十一歲的蔣渭水考取「台灣總督府醫學校」。從此，他不僅以一位小學畢業生的身分，開始接受現代醫學教育，也產生了「政治熱」。他轟轟烈烈的抗日生涯，實肇基於此時。

● 蔣渭水就讀台灣總督府醫學校時的英姿，他在當時即懷抱著「醫人、醫台、醫世」的壯志。

蔣渭水與醫學校高一班的同窗翁俊明、杜聰明等人過從甚密，他們受到辛亥革命成功的啓迪，心中洋溢著濃厚的民族意識。一九一三年，幾位台籍醫學校學生因不滿海峽對岸的中華民國將被袁世凱篡改爲中華帝國，竟決定將袁世凱「除之而後快」。蔣渭水等三人也參與暗殺袁世凱計畫，此事最後由翁俊明、杜聰明赴北京行事，熱衷此計畫的蔣渭水因故未能前往，一來可能是經濟不許可，二來當年他的長子蔣松輝才出世不久。他們計畫將毒菌放入北京自來水中，但最後無功而返。

一九一五年（大正四年），蔣渭水以第二名的成績成爲醫學校第十四屆的畢業生，並旋即返回家鄉，分派在宜蘭醫院實習。翌年十一月，他自忖「若要活動，須在台北大都市懸壺問世，才能結交天下之豪傑」，於是選擇在大稻埕太平町（今延平北路二段），開設大安醫院，專門診治內科、小兒科、花柳科。他頗有生意眼光，除

●一九一三年，兩位台灣青年計劃赴大陸謀殺袁世凱，壯行前留此紀念照，為懷抱「壯士一去兮不復返」的壯志，留下歷史畫面。（後排右起：蔣渭水、曾慶福、蘇樵山、林錦生。後排右起：魏清德、杜聰明、翁俊明、林水土。）

了執行醫務，也從事投資，在醫院對面開了一家酒樓「台灣台北春風得意樓有限公司」，也兼營製酒，製造「甘泉老紅酒」。

當時，蔣渭水既是一位受歡迎的醫師，也是成功的商人，然而他卻稱這種名利雙收的生活爲「無意義的生活」，且毫不忌諱說它是：「我的悲觀時期」。

蔣渭水在醫學校時代所懷抱的政治熱，因被「私情上的普通朋友

●蔣渭水以他的診所——大安醫院，為革命基地，並將「台灣人唯一之言論機關——台灣民報」總批發處設於隔壁。拿聽診器的蔣渭水（後排左一），也提筆寫社說（社論）。

——所謂酒肉朋友」包圍，「不得不隱忍待時，韜晦過日」而苦悶、發慌。失志的時候，偶讀到一九二一年元月三十日第一次台灣議會設置運動的〈請願書〉，有了深得我心之感，認爲這是台灣人唯一無二的出路。請願主旨所指：「……今台灣庶政既舉，雖然外觀呈現出秩序整飭的模樣，其實內在方面，官憲獨行，民意未能暢達……」等情事，無異給了他當頭棒喝，不得不爲此「和我的主義，大有暗中相合」的運動而精神大振，於是決心和推動台灣議會請願的林獻堂諸人遙爲響應。就此他自走出校門後，原已冰冷許久的「政治熱」又重新燃燒，而且炙熱的火花愈燃愈烈。

一九二一年春，蔣渭水透過林瑞騰介紹，認識了林獻堂。當時適巧母校學弟、未來的準醫師如李應章、林麗明、吳海水、林瑞西等人也關心政治改革運動，經常向蔣渭水請教，於是有了共同籌組社團的構想。蔣渭水徵得林獻堂的贊同，著手創設「台灣文化協會」。

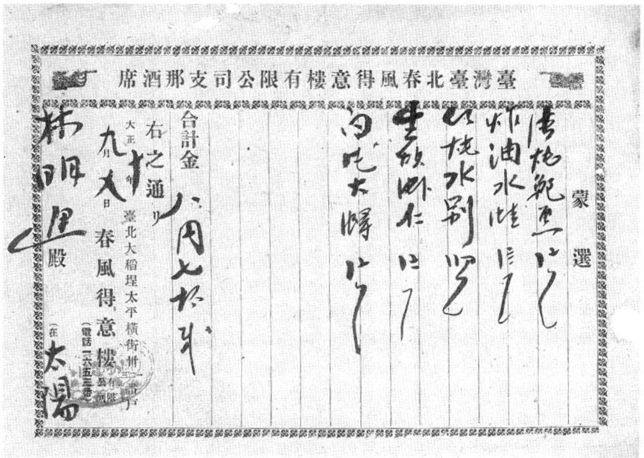
臺灣臺北春風得意樓有限公司支那酒席

蒙選

合計金

右之通リ

大正　年　月　日

臺北大稻埕太平横街

春風得意樓

殿

身為醫師的蔣渭水，也從事投資，此為他經營的「春風得意樓」收據，地址「太平橫街」即今延平北路，電話只有四位數：一六五三號。

推展文化　奔走講說

一九二一年十月十七日，「台灣文化協會」在蔣渭水奔走下，於台北市大稻埕靜修女子學校舉行創立大會。據蔣渭水的說法，成立此「謀台灣文化之向上……切磋道德之眞髓，圖教育之振興，獎勵體育，涵養藝術趣味」的組織，

●「台灣文化協會」的創立是說「台灣文化之向上」，蔣渭水乃藉著「文化運動」，推展政治抱負。該會第一回理事會留此合影，前排坐者左起為洪元煌、黃呈聰、蔣渭水、林獻堂、連溫卿。

其理由在於：

台灣人負有做日華親善媒介的使命，日華親善是亞細亞民族聯盟的前程，亞細亞民族聯盟是世界和平的前提，世界和平是人類最大的幸福，而且是全人類最大的願望。所以我台灣人有媒介日華親善，以策進亞細亞民族聯盟，招來世界和平、全人類最大幸福的使命就是了。簡單來説，台灣人是握著世界和平第一關門的鍵啦，這豈不是很有意義，很重要的使命嗎？我們一旦猛醒，負著這樣重大的使命，那麼就要去逐行這使命才是。本會就是要造就逐行這使命的人才而設的。然而台灣人現在有病了，這病不癒，是沒有人才可造的，所以本會目前不得不先著手醫治這病根。我診斷台灣人所患的病，是知識的營養不良症，除非服下知識的營養品，是萬萬不能癒的。文化運動是對這病唯一的原因療法，文化協會就是專門講究並施行原因治療法的機關。

台灣文化協會在一九二一年十一月二十五日出版第一號《會報》，發行一千二百份，只是一出版就被日本殖民當局查禁了。專務理事蔣渭水在本期《會報》發表了一篇別樹一幟的文章〈臨床講義〉，他以醫師的立場對當時「生病」的台灣開出藥方，擬寫了一份診斷報告書：

患者：台灣。
姓名：台灣島。
年齡：移籍現住址已有二十七歲。
原籍：中華民國福建省台灣道。
現住所：日本帝國台灣總督府。

番地：東經一二〇—一二二，北緯二二—二五。

職業：世界和平第一關門的守衛。

遺傳：明顯地具有黃帝、周公、孔子、孟子等血統。

素質：為上述聖賢後裔，素質強健，天資聰穎。

既往症：幼年時（即鄭成功時代），身體頗為強壯，頭腦明晰、意志堅強、品性高尚、身手矯健。自入清朝，因受政策毒害，身體逐漸衰弱，意志薄弱、品性卑劣、節操低下。轉居日本帝國後，接受不完全的治療，稍見恢復，唯因慢性中毒長達二百年之久，不易霍然而癒。

現症：道德頹廢，人心澆漓，物慾量盛，精神生活貧瘠，風俗醜陋，迷信深固，頑迷不悟，罔顧衛生，智慮淺薄，不知永久大計，只圖眼前小利，墮落怠惰，腐敗、卑屈、怠慢、虛榮、寡廉鮮恥，四肢倦怠，惰氣滿滿，意氣消沈，了無生氣。

主訴：頭痛，眩暈，腹內飢餓感，……。

診斷：世界文化的低能兒。

原因：智識的營養不良。

經過：慢性疾病，時日頗長。

預斷：因素質純良，若能施以適當療法，尚可迅速治療。反之，若療法錯誤，遷延時日，有病入膏盲、死亡之虞。

療法：原因療法，即根本治療法。

處方

正規學校教育　最大量

補習教育　最大量

幼稚園　最大量

圖書館　最大量

讀報社　最大量

若能調和上述各劑，迅速服用，可以二十年內根治。尚有其他特效藥品，此處從略。

大正十年（民國十年）十一月三十日

主治醫師　蔣渭水

台灣文化協會最積極的活動是舉辦通俗學術演講會和「文化演講」。辯才無礙的蔣渭水經常拋下醫務，到處演講，使他成爲台灣民眾心目中的「講古先」，也贏得了人心，擁有深厚的群眾基礎。

推動議會　開設書局

一九二三年二月，蔣渭水向台北市役所（市政府）提出創設文化義塾，教育貧苦兒童的申請案被駁回。

一九二三年，有志之士爲積極推展台灣議會設置請願運動，開始策劃成立「台灣議會期成同盟」，並向當局提出申請。台灣總督府認爲有政治結社之嫌，乃於一九二三年十二月十六日拂曉，進行全島「大檢舉」，一時風聲鶴唳。這是台灣非武裝抗日民族運動第一次遭受集體迫害，共有四十一人被扣押，五十

蔣渭水推動民衆講座，宣揚民族精神，屢遭日警干涉，此紀念照為「被檢束」的一群艋舺民衆講座人員合影，前排左三、四人為蔣渭水夫婦。

八人被搜索、傳訊。他們被加以的罪名是違反「治安警察法」第八條第二項，因此有「治警事件」之稱。六天後（二十二日），蔣渭水等二十九人被移送台北地方法院檢察局審訊，結果有十八人被提起公訴。初審公判歷時兩週，開庭九次，全部被判無罪。檢察官不服提出上訴，宣判十三人有罪，五人無罪。第三審上訴，遭駁回。「治警事件」是對「背後廣大台灣人的審判」，蔣渭水被處禁錮四個月。台北市役所所長問他：「對判決服不服？」蔣渭水輕鬆答覆：「刑罪你儘管執行，我心裡儘管不服就是了。」

蔣渭水因「治警事件」共服刑一百四十四天；原先已被拘留六十四天，判刑後又坐了八十天牢。他描述獄中的生活：「幾忘卻身在這跼天蹐地的獄裡，恍惚是在居天下之廣居，行天下之大道的路上，做躍躍進取的工夫哩。」以前讀醫學校時，他計畫負笈日本早稻田大學政治科，然而事與願違，這回入獄，「禪坐在室，有書盈房（房小書多），開卷讀以自修，低吟詩以怡懷（獄裡禁聲不許高吟）」，竟然「讀破了一部政治經濟科講義，飽充平生的願望」。所以兩度身陷囹圄的日子，對他來說像「去入早大（早稻田大學）一般」，還其自由身時，是「而今已畢業早大了」的成就感。難能可貴的是，他在縲絏之災中的寫作《入獄日記》《入獄感想》《獄中隨筆》，都是擲地有聲的文學作品。他的文學成就，是台灣新文學運動啟蒙時期的散文代表作，而且對當代的文學運動有一定的催化作用。

蔣渭水經歷了「治警事件」，更堅定了他的信心，也增強了反日意志，以及推展社會運動的決心。

一九二六年，蔣渭水開設文化書局，他曾在《台灣民報》第一一三號，登載啓事：

全島同胞諸君公鑒：同人為應時勢之要求，創設本局，漢文則專以介紹中國名著兼普及平民教育，和文則專辦勞動問題、農民問題諸書，以資同胞之需，萬望諸君特別愛護擁護，俾本局得盡新文化介紹機關之使命，則本局幸甚，台灣幸甚。

文化書局總經理　蔣渭水啓

醫師兼「文化頭」蔣渭水開書局，其用意在「盡新文化介紹機關之使命」，因此目的不僅只是在販賣書籍而已，而是推展運動！

組織政黨　不惜玉碎

台灣文化協會在蔣渭水領導下，反抗殖民當局，走向基層群眾，成效顯著，但因成員的左右意識之爭，產生了嚴重內訌。

一九二七年一月三日，文化協會召開改組臨時總會，不顧蔣渭水提出「同胞須團結，團結眞有力」的呼籲，引發了分裂。新文協奪權，舊文協同志失去了組織體後，決定致力籌組政治組織，繼續運作，並先後組織或更名為「台灣自治會」「台灣同盟會」「解放協會」「台政革新會」「台灣民黨」，均被當局認定是民族主義團體而遭禁止。

一九二七年七月十日，「台灣民眾黨」終於突破台灣總督府的黨禁，宣告成立，原先與會人員曾對蔣渭水是否參加的問題，掀起軒然大波。因爲蔣渭水曾被日本殖民政府警告是民族主義者，若他參加台灣民眾黨，當局難以容忍，

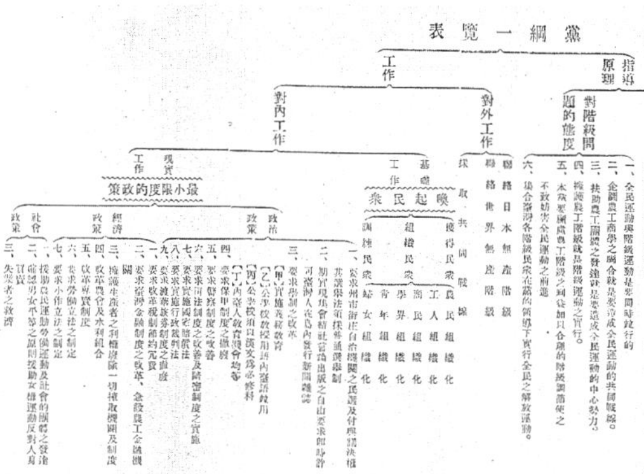

台灣民衆黨黨綱，黨旗的「三顆星」及代表該黨的「三大綱領」。

必會遭到解散。然而大家意志堅決，終在寧可玉碎的原則下，決定與日本殖民政府周旋到底，議決讓蔣渭水加入，並成爲政黨實際領導人。

蔣渭水說：

「台灣民眾黨雖稱政黨——政治結社——這不過是法律上的用語，治安警察法的命題。……不但是與以利權爲結合的既成政黨不同，並且不是交涉團體，……只要以對政府乞恤求憐，叩頭請安爲能事——是帶著戰鬥的、犧牲的性質。」

● 台灣民衆黨創黨的目的為「提高台灣人民之政治的地位、安固其經濟的基礎、改善其社會的生活。」一九二九年，第一次黨務磋商會企求「與社會之進步、時勢之要求、民衆之希望同其步驟」。與會的領導人蔣渭水在此照前排坐者右二。

台灣民眾黨於第二次黨員大會宣言，明示該黨指導原理。以後所昭告之「立黨三綱領」，迫於當局刁難，一再磋商、修改，然亦不出此「原則」：

一、確立民本政治

說明：根據立憲政治之精神，反對總督專制政治，使司法、立法、行政三權完全分立，應予台灣人有參政權。

二、建設合理的經濟組織

說明：提高農工階級之生活程度，使貧富平等。

●台灣民衆黨的反日行動，被視為「真劍的民族解放運動」，此掀起非武裝抗日民族運動的苦鬥，時遭迫害，此為因「第三次全島黨員大會宣宗事件」入獄紀念照，左一為蔣渭水，左二為該黨秘書長陳其昌。

三、改除社會制度之缺陷

說明：改革社會之陋習，實行男女平權，確立社會生活之自由。

反對運動　訴諸國際

台灣民眾黨曾轟轟烈烈地做出幾件大事，如反對總督府恢復評議會、地方自治改革促進運動、反對始政紀念日、廢除渡華旅劵、廢除保甲制度、改革司法制度、實施義務教育等等。該黨也聲援中華民國革命北伐，並由蔣渭水執筆，發出對日本內閣破壞「中華民國之統一」的抗議電文。

在諸多對台灣總督府的反對運動中，應以「霧社事件」和「鴉片事件」做得最有聲有色！

一九三〇年霧社事件，日本軍警以國際公法嚴禁的毒氣，殘殺台中州能高郡下霧社原住族，以殘酷的虐殺對付他們所謂的「番族」。蔣渭水等民眾黨幹部集會討論霧社事件責任者的處置，以及理番政策的改革等問題，決定對日本政要拓務大臣、貴族院議長、內閣總理大臣等發文，建議「應從速將總督、警務局長、台中州知事以下者撤職，並立即保證『番人』之生活，承認其自由，不阻礙其民族發展之政策。」更致電日本全國大眾黨及勞農黨，籲請派員來台調查事件眞相。

「鴉片事件」則是將「台灣鴉片公賣及吸食特許」政策，對外控訴，引起國際視聽，以有效遏阻當局販毒罪行。一九三〇年一月二日下午七時五十分，蔣渭水料定電報局高級職員已經下班，留守的僅是只懂二十六個英文字母的辦事員，於是蔣渭水叫他十七歲的大兒子蔣松輝去拍發電文。一來蔣松輝是個學生，不受注意，二來發報人員也看不懂電文內容。直接訴諸日內瓦國際聯盟本部的抗議電文因此順利發出，電文內容如下：

> 日本政府此次對台灣人特許鴉片吸食，不但為人道上之問題，並且違背國際條約，對其政策之推行，希速採取阻止方法。
>
> 代表四百萬台灣人之台灣民眾黨

國際聯盟終於在一九三〇年三月一日派員來台調查，此舉對日本當局的衝擊實在太大了，終而有了積極採取治療政策，以及設置「更生院」的措施。

改革陋俗　爲民表率

身爲一位充滿政治色彩的人物，蔣渭水的徹底性格與不妥協精神，頗使時人心折；他「爲民前鋒」的精神，以及所做所爲，都可說是爲民表率。

他從不過生日，不願因此驚動同志、友好和一般民眾。

一九二七年，父親蔣老番逝世，他儘量簡化喪儀。二年後（一九二九年九月二十四日），母親李綢病故，他更覺得有現身說法，示範於同胞的責任。母親出殯之時，蔣渭水把「放銀紙」之俗例改爲散發傳單，印著「喪禮口號」：「打破妄從迷信，挑除守舊陋習」「挑斥做功德，糊靈厝，反對燒銀紙，還庫錢」「廢除無意義牽亡調啼哭，反對多喧嘩鑼鼓、鼓吹」等等。蔣氏家族選擇「不發訃聞，只以廣告代通知」，並將奠儀收入「寄附」（惠贈）台灣民眾黨、台灣工友總聯盟、台北維新會等社運組織。

蔣渭水對敗俗傷風、勞神費財的惡俗也深爲痛恨，一再呼籲同胞要破除燒

金紙、吸鴉片、祈安建醮、補運謝神，以及聘金婚葬之奢靡不良風俗。

當時的「吾台青年」沈迷於「祖家中國」的麻將，以打麻將為時尚，認為「麻雀（麻將的台語）一打，天下就太平。」台灣民眾黨認為，「鑑及麻雀之流毒於社會最深，不但帶有賭博的性質，並且多消耗精神，故凡有精神的人，都不應該去打，何況社會運動的人們，更不可去玩才是。」於是一九二九年一月二十八日，台灣民眾黨台北支部在蔣渭水的大安醫院召開支部臨時委員會，決議「禁止黨員打麻雀」。而且為現身說法，示範於同胞，黨部以一副三圓收購麻將牌，堆放在支部事務所前，在民眾環視下焚燬，以昭告戒除賭博的信心。

扶助工運　導致分裂

台灣民眾黨的指導原理包括「扶助農工團體之發達」，基於此，乃於一九二八年二月十九日成立「工友總聯盟」，參加團體計有二十九個，會員總數達六千三百六十七名，宣示的宗旨為：「要求增加工資和減少工作時間，以謀工人及店員之利益與其生活向上。」

台灣民眾黨的幕後領袖蔣渭水是工友總聯盟的產婆——催生者，也是顧問。在他的積極運作之下，工友總聯盟在一年之內發展成擁有四十多個加盟團體，會員多達一萬四千餘人的龐大組織。據其第二次大會宣言中所提到的歷史使命云：

> 我們殖民地的工人，是處在受民族、階級兩重的榨取和壓迫的地位，所以需要解放之情，加倍迫切，其運動之擴展益趨激烈，而其團結性之富與鬥爭性

之強，實非其他階級所能企及的。所以殖民地的工人一旦覺醒起來，則不但能夠為工人階級自身的利益鬥爭，並且能夠做弱小民族解放的先鋒。

工友總聯盟除了支援各地的勞資爭議事件，也提出八小時工作時間之制定、生活標準法之制定、失業薪俸之償付、工場法之制定，以

蔣渭水和台北木工友會茶箱部會員合影：一九二七年的這張歷史照片，前排坐在草蓆上的童工，他們日後成長權益也和其長輩一樣，並沒有獲得應有的尊重。

及制定最低工資法、保護女工童工、完全健康保險法之爭取、即時撤廢日台人工資的差別等。

工友總聯盟在蔣渭水指導下，與台灣民眾黨亦步亦趨，形成了一個實力團體。接著他積極支持農民團體、青年團體，顯然掌握了黨的大部分領導權，但不幸卻產生了「南火北水，水火不容」的現象——蔣渭水派和蔡焙火派的齟齬。

林獻堂、蔡培火、蔡式穀、洪元煌、楊肇嘉等右派人士，見台灣民眾黨逐漸傾向為農工為主的政黨，而開始貌合神離，終於在一九三〇年自組「台灣地方自治聯盟」，另起爐灶。蔣渭水雖極力阻擾，然已時不我予。此年，他發表〈台灣民眾黨今後的重要工作〉，指出「利權運動家」是民眾黨的敵人。而日本殖民當局也不再有容忍台灣民眾黨存在的

台灣民眾黨的社會政策之一，為「援助農民運動、勞動運動及社會的團體之發達。」蔣渭水因之走進群眾，他在台北艋舺（萬華）民眾黨支部與工運團體幹部合影。

「雅量」了。

結社遭禁　贏得民心

一九三一年二月十八日，台灣民眾黨在台北本部事務所召開第四次全島黨員大會，以議決該黨綱領、政策及黨則修改案。會議進行中，台北警察署長突然帶員闖入會場，拿出結社禁止命令，宣稱「政治結社台灣民眾黨，依照治安警察法第八條第二項之規定，本日起即由台灣總督府禁止之。」隨即要求解散集會，並當場逮捕蔣渭水等十六人，使百餘與會黨員對此突襲感到十分意外，紛紛愴然離去。

日本統治階級解散台灣民眾黨之理由爲：「……這種以民族運動為中心，附帶採行階級鬥爭的政治結社，若當局再予寬容，則將違反我台灣統治的根本方針，並有妨礙內（日）台融和，甚至嚴重且明顯地影響到維持本島統治之虞。」

台灣民眾黨幹部發出「台灣總督府昨日禁止民眾黨，檢舉黨員十數名，請就本案向議會緊急質詢」電文給日本眾議會議員清瀨一郎、田川大吉郎、淺原健三等人，要求這些日本開明派的政治人士聲援，並譴責台灣總督府的不當壓迫。

翌日，蔣渭水等十六人獲釋。

清瀨一郎仗義直言，於二十一日提出如此質詢：

台灣民眾黨二月十八日大會所決議之綱領政策，該案自來似尚無違反治安維持法所規定，妨害所謂安寧秩序之嫌。

在台灣種種壓迫法令比較日本為多，是故台灣人反對總督之專制政治是情有可原的。在台灣至今猶未准許台灣人經營之報紙，沒有民選的議員，唯一的政黨又被解散，殷鑑不遠，前次即已惹起霧社事件。以太田這樣人做總督，禁止報紙、禁止政黨、不置民選議員、不實施地方自治，這樣是無法搞殖民地統治的。

「亙四年光輝苦鬥史」的台灣民眾黨，在台灣總督府的命令下，光榮地被強制解散，在悲壯慷慨裡告終。

蔣渭水對日本殖民政府有計畫的絞殺台灣民眾黨，發表了個別談話：

> 民眾黨在四年間的鬥爭歷史中，已可證明本黨有力量去揭露台灣的專制政治，例如對鴉片問題、霧社事件的鬥爭，是其顯著的實例。
>
> ……這次民眾黨被解散後，可說台灣同胞個個都是悲憤激昂，惋惜追念。民眾對本黨有這樣的愛護，真是民眾黨莫大的安慰。有此民心，不怕無黨，政府雖能禁止政黨，總不能禁止民心。

蔣渭水「喚醒民眾、組織民眾、訓練民眾」的奮鬥歷程，以筆紙、以口舌、以行動、以熱忱和日本帝國主義相抗爭，遭受檢束拘留十數次，但他從不畏懼、從不退縮。他曾在文化協會大稻埕港町講座，以「公私分得清、責任擔得重、仇恨忘得快」三點來講述孫中山先生的特點，其實這三個特點也正是《台灣民報》的保母、台灣民眾黨的指導者、台灣工友總聯盟的產婆——蔣渭水的本色。

壯志未酬 島民同悲

蔣渭水經此打擊，愁憤憂鬱，而蔣渭水路線也引起熱烈的理論鬥爭，一場筆戰甚至給他戴上了一頂「蔣家店」的帽子，然而可以證明的是，他主張的一貫理論是被肯定的。

七月，「鬱鬱寡歡，屈居島都」的蔣渭水竟至一病不起，藥石罔效，於一九三一年八月五日上午七時三十分以傷寒病逝台北醫院（今台大醫院），享年四十二歲。

蔣渭水自知病篤，在臨終之前，留

各界民衆參加送別台灣革命先烈蔣渭水的葬禮，隊伍冒雨行經太平町的蔣氏大安醫院和文化公司，向「故居」做最後的憑弔。

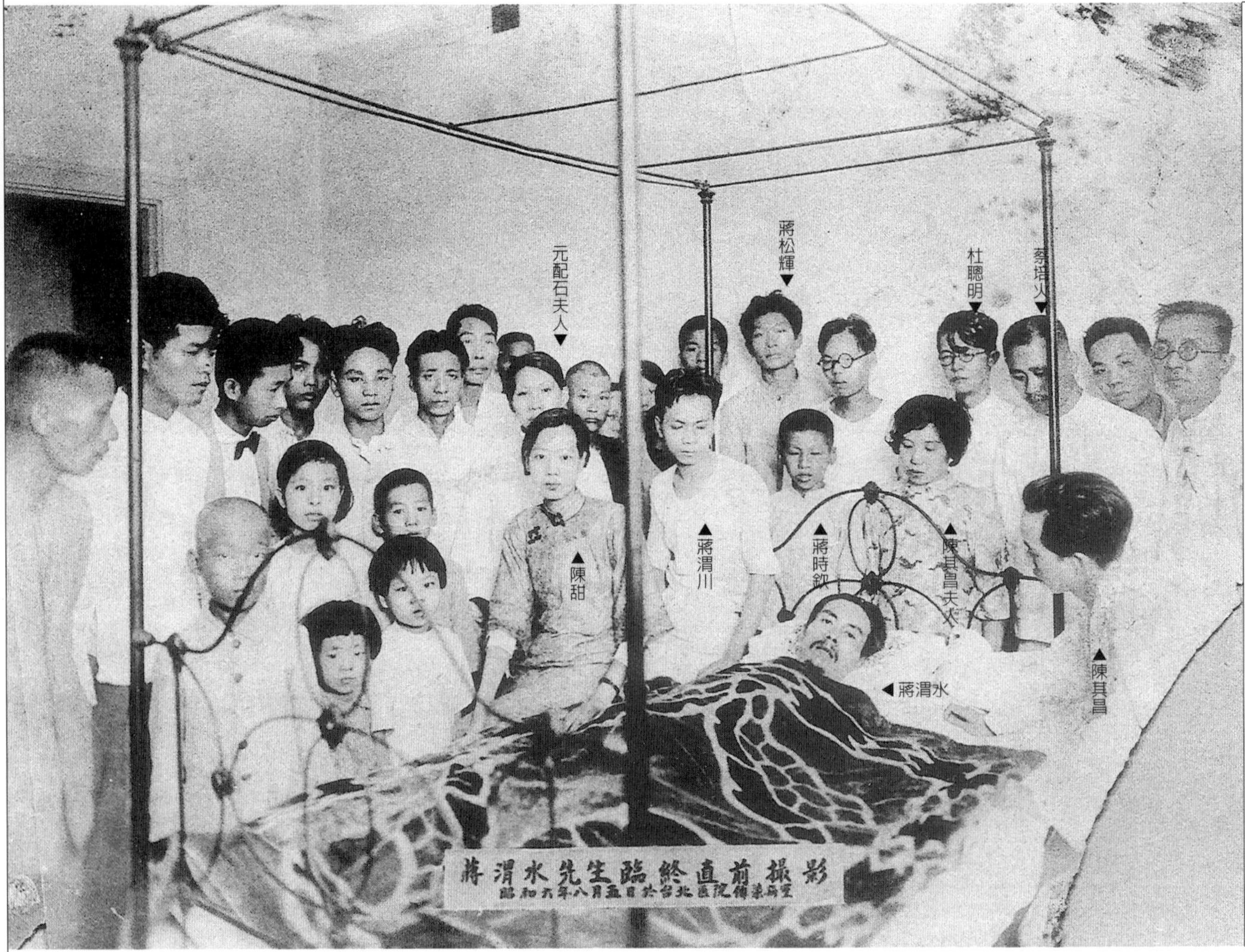

●「台灣孫中山」蔣渭水「壯志未酬身先死」，「非武裝抗日民族運動」的大業，頓時失去領導中心。臨終前，他的家屬及親友、革命伙伴團聚在旁。

下一篇「孫中山式的遺囑」，這份遺囑目前有幾種版本，似以《台灣總督府警察沿革誌》的版本爲眞確：

> 台灣的社會運動已進入第三期，無產階級的勝利迫在眉睫，凡我青年同志須努力奮鬥，而舊同志亦應加強團結，積極援助青年同志努力於同胞之解放，實所至望。
>
> 立會人：蘇竹南 羅萬陣 李友三 杜聰明 賴金圳 蔣渭川

蔣渭水的革命伴侶陳精文，人稱「阿甜」，蔣渭水逝世後，這位「台灣蔣夫人」遁入空門，不再過問俗事。

蔣渭水不幸逝世的消息傳出後，台灣民眾莫不驚惶失惜，有人袖纏黑布表示哀悼，全島同志紛紛撰文追念。《新高新報》第二八四號尊稱蔣渭水尊爲「台灣人之救世主」。

由於蔣渭水是因法定傳染病逝世，故當天下午即行火葬，晚上骨灰安置於他的抗日根據地大安醫院，靈堂上高懸「忠魂沖漢室」五個大字。

一九三一年八月二十三日八時三十分，在台北市大稻埕永樂座舉行告別式，治喪單位稱之爲「故蔣渭水先生之台灣大眾葬儀」。式場內安置蔣氏遺像，兩旁掛著「精神不死」「遺訓猶存」的輓詞，靈堂上懸著「解放鬥將」「大眾干城」等輓詞，兩邊柱上有首句嵌著「大眾」二字的輓聯：

大義受大名，生據大安作營陣，死埋大直，大夢誰先覺？

眾民歸眾望，功憑眾志以成城，力挑眾難，眾醉君獨醒。

五千餘人由各地趕來參加「大眾葬」，執紼者擁塞於途，在驟雨中爲蔣渭水做最後送行，備

● 紀念「精神不死」的抗日先烈蔣渭水，戰後初年都舉行紀念會，起初講台上都懸掛代表台灣民衆黨三大綱領的「三顆星」黨旗，表示對這位日治時代以政治結社領導台灣的領導者。

● 戰後紀念蔣渭水的集會，幾年後逐年「降溫」，最後連台灣民衆黨的黨旗都不能懸掛，而改懸「同胞須團結，團結真有力」的標語也不知何時，連紀念會都不再舉行了。

極哀榮。他的戰友張晴川作〈悼蔣渭水先生〉，訴說他的一生及死後同志的感言：

投牢往事憶當年，廿載奔勞痛棄捐；
此日哭君無盡處，遺篇一讀一淒然。
傷心身外一無餘，剩得蕭條數卷書；
兒女遺孤猶在讀，親朋同志痛何如。
醫民醫病兩忙頻，慘澹經營茹苦辛；
荊棘哀黎猶遍野，那堪君竟作歸人。
跳梁鼠輩猶縱橫，敵未消沈志未成；
解放普羅空霸手，劇憐風雨葬先生。

蔣渭水的英年早逝，壯志未酬，同志們除宣稱「遵守遺訓」外，還為蔣氏安排了台灣空前的大眾葬儀，也決議編纂蔣氏遺著，改組大安醫院。《蔣渭水全集》在編輯委員的努力下，於他逝世三個多月後付梓，但剛要出版時，卻遭殖民當局查封焚燬。台灣總督府對逝世的蔣渭水仍然如此忌憚，難怪有「死渭水嚇破活總督」的說法。

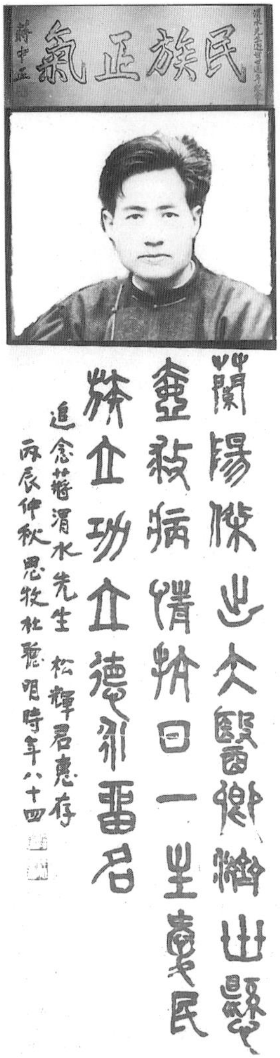

蔣渭水的醫學校學長杜聰明，對「立功立德永留名」的學弟，親書此贊詞給蔣烈士的長子蔣松輝，蔣松輝製作成書籤送給筆者。

蔣渭水一生奮鬥、所做所爲，無不以台灣人的利益爲依歸，他無私無我的精神和與時並進的作風，令人折服，令人欽嘆。他在一九二〇年代所寫的歷史章節，雖有意識型態的爭議，雖有左右路線的批判，卻是台灣近代史不可磨滅的史頁，而他的遺訓：「同胞須團結，團結眞有力！」更是世世代代昭示我們的名言。

蔣渭水軼事

●得了「政治病」的蔣渭水

蔣渭水自稱在醫學校時，便患了「政治煩悶的魔病」，於是經常參加反帝抗日的活動。

一九二一年秋天，他受了台灣議會請願運動的影響，政治病又復發了，而表現出諸多「不穩」的言辭和行動。醫學校校長堀內召見他去官邸，想說服他不要參與政治運動。

堀內對蔣渭水說：你自學校時代，就有很大的政治興趣，做出種種事故，而現在又要多事。時時聽到你有不穩言動的消息，到底是什麼緣故？

蔣渭水回答：政治活動的嗜好，我也不知道如何來的，可能是一種「病」吧。無論何人能醫得我這政治的煩悶病，那我這瘦瘦的身體恐怕就會胖起來，可免永久做個瘦鬼了。

蔣渭水從沒有「胖」起來，他爲民族運動「消瘦落肉」，絕無後悔。

台灣人紀念孫中山

一九二八年三月十二日，是「中國革命的元勳、國民黨的領袖」孫中山三周年忌日。

「台北有志者」紀念孫中山偉績，特於當天晚上七點在大稻埕與艋舺兩處的民眾講座舉行追悼大會，並於會後舉辦講演會。民眾參加踴躍，兩處都到了晚上十點半才散會。

艋舺民眾講座的主講人和題目如下：

張晴川：「孫先生之歷史」

黃佩惠：「孫先生之軼事」

陳春金：「孫氏與蘇俄」

大稻埕文化講座的主講人和題目如下：

蔣渭水：「孫先生之特點」

林鵬飛：「孫先生之歷史」

謝春木：「列寧與孫中山」

有「台灣孫中山」之稱的蔣渭水，在演說中贊許孫中山的優點爲：（一）公私分得清，（二）責任擔得重，（三）仇恨忘得快。

蔣渭水打官司

一九二六年三月，第七次台灣議會

蔣渭水的藏書《孫中山全集》。做為革命者，他曾是「三民主義的侍徒」，此書係一九二七年版本，後由「龍溪求適齋」主人陳漢光所珍藏，如今不知流落何方。

請願團由日返台，各界擬舉行洗塵會。蔣渭水等向御用新聞「台灣日日新報社」繳納廣告費，要求刊登舉行洗塵會的時間公告，但報社背信，藉故不登。

蔣渭水等向台北地方法院提出告訴狀，要求該報社賠償，告訴狀要意如下：

原告於大正十五年三月十二日午前九時，與其契約，揭載於同日發行之夕刊（註：晚報）紙上，同時已納廣告料（費）四圓，不料被告存惡意，全無揭載，遲滯其履行，至期限後五日間，以郵便（寄）送還料金。如斯背信行為，在重信用之報紙，決不敢為之，而被告竟視為常事而為之。因被告之背約，致原告精神上大感不快，洵蒙不可以金錢估價之無形上損害，可謂甚多，依損害賠償之請求，以五十圓為相當。

●莫須有的政治獄

蔣渭水因「治警事件」坐政治牢，心情十分坦然。台灣民眾認爲因創議設置台灣議會而被日警拘捕「法」辦的人，是無罪的。

大稻埕文士張家坤寄了一封慰問信到台北監獄給蔣渭水，信上寫著：「為島民謀幸福而受莫須有之禍，雖然辱亦榮也，謹此以賀。秦檜下岳飛獄，有某往救之，檜曰：『此莫須有也』，某曰：『莫須有三字何以服天下。』」

蔣渭水接到慰問信，對張家坤「不怕官威，不怕官人責庇」的作法十分感動，隨手在日記裡寫了一幅對聯，諷刺日本的大正「王朝」：

在昔宋朝既有莫須有禍矣；

於今大正豈無那能無殃哉！

寧可書待人，不可人待書

一九二三年十二月十六日，官憲檢舉台灣全島各地台灣議會期成同盟會會員及有關人士，蔣渭水等十八人被控告違反治安警察法。

坐監的蔣渭水因爲沒有書可讀而十分煩悶。當他在一九二四年元月十六日接到其弟蔣渭川寄來的《綱鑑易知錄》十四冊、《開業生活二十五年》一冊、《醫事》雜誌引索等「精神食料（糧）」，有從此可以高枕無憂之感。

他在收到書後第四天（二十日），有如是日記：

久沒有下雨，今天才下雨。天曇暗，頗寂寞，幸書多，文又迫，還嫌日短哩。前人待書，今書待人，人待書，怨日長，書待人，嫌日促，所以寧可書待人，不可人待書。

體驗「法索」的滋味

「治警事件」第三審遭到駁回，蔣渭水依二審判決禁錮四個月。一九二五年二月二十一日，他出席大稻埕江山樓的「入獄送別會」，然後到城內松田齒科病院裝「金嘴齒」，以免齒痛之患，就決定坐牢去也。

蔣渭水在四五十名同志護送下，前往法院報到。上內檢察官認爲「結隊歡送入獄，太不合宜」，蔣渭水輕鬆以「送出迎來，是表示人情之美點」爲答。

上內檢察官不便多言，打電話給巡查吩咐說：「此人不會逃遁，可免去繩縛。」

想不到，蔣渭水一到拘留室，巡查即開始將他綑綁，他本要與之計較，但一想能體驗「法索」（註：台語「索仔」是繩子之意）的滋味，便不多說了。只是學醫出身的蔣渭水認爲縛左胸部有礙呼吸，對犯人身體大有害處，「本想教授他衛生的縛法，後來看他牽出別的犯人都是縛在腹部，才放心作罷。」

革命家寫的喜劇

「革命家」蔣渭水寫得一手好散文，但知道他也寫喜劇的人就不多了。不過，這喜劇一幕僅有八句對話，以他和其弟蔣渭川爲人物，時間和背景是一九二九年二月二十七日夜八時至十時電話中的對話。

劇情是這樣的：蔣渭川打電話給他的二哥蔣渭水，問他犯了什麼大罪？不然的話，他和五位彰化的「交關客」（顧客）搭車去北投喝酒後，欲再去萬華途中，竟遭六名武裝警察攔車檢查，問他：「蔣渭水在車內沒有？」他說：他是蔣渭川不是蔣渭水，對方竟說：「蔣渭川也是好。」就請去南署（派出所），折騰了半夜，知道「掠（捉）錯了」，才放人。原來蔣渭水本來要在大稻埕舉行政談講演會，被強令解散；而南署以爲蔣渭水擬轉移陣地到萬華演講，以致大爲緊張。

這是一齣活活生、如假包換的「喜劇」，蔣渭水不過是據實編劇而已。

「文化頭」開文化書局

「文化頭」蔣渭水開設書店，自然是民眾關心、官員關注。

文化書局開張當天，不少民眾前往捧場，州、署和高等特務也一批批地出入這位社會運動領導者經營的書店。這些「不購書的顧客」，可以說成了文化書局「自帶便當而不支薪」的「伙計」，因爲他們的臨檢，而沒有小偷膽敢進店偷書。

文化書局販賣不少中國出版的社會科學書籍，最暢銷的是《三民主義》。

●「文化頭」的獄中文學

從事民族運動，要有「以牢爲家」的心理準備。領導群眾，必然「身不由己」，因此時間難以支配。蔣渭水說：「官府召我以拘留，獄吏假我以時間」，不是沒有原因的。

「治警事件」發生時，蔣渭水第一次被拘留六十四天，刑期確定後，又被關了八十天。他兩度進出台北監獄，獄裡的鱸鰻（流氓）也尊敬地說：「文化頭的蔣先生？」對他優遇有加。

蔣渭水說：「我這牢中是談笑有英雄，往來無白丁的家宅。」他坐監時念了不少書，因此他說：「幾忘卻身在跼天蹐地的獄裡，恍惚是在居天下之廣居，行天下之大道的路上，做躍躍進取的工夫哩。」

《入獄日記》《入獄感想》《獄中隨筆》是「文化頭」蔣渭水在獄中的報導文學創作。他還仿古文，將〈歸去來辭〉做〈快入來辭〉，〈送李愿歸谷序〉做〈送王君入監獄序〉，〈前赤壁賦〉做〈入獄賦〉，〈春夜宴桃李園序〉做〈春日集監獄署序〉，〈陋室銘〉做〈牢舍銘〉，〈短歌行〉做〈獄歌行〉等等擲地有聲的獄中文學作品。

蔣渭水年表

1890	01歲	八月六日生於宜蘭街。
1899	10歲	受業於張鏡光，習漢學。
1906	17歲	念小學，入宜蘭公學校。
1910	21歲	考進台灣總督府醫學校。
1913	24歲	參與計畫謀害袁世凱行動。
1915	26歲	醫學校第十四屆畢業；派至宜蘭醫院實習。
1916	27歲	創設大安醫院於大稻埕太平町。
1917	28歲	經營春風得意樓。
1921	32歲	認識林獻堂，參與台灣議會期成運動。「台灣文化協會」成立，以發起人之一的身分，擔任專務理事。發表〈臨床講義〉於文協《會報》。

1923	34歲	成立「社會問題研究會」，發表旨趣書。十二月，「治警事件」發生，繫獄144天。
1924	35歲	獄中撰寫《入獄日記》《入獄感想》。
1925	36歲	獄中選寫《獄中隨筆》。發表〈五個年中的我〉，是其投效民族運動的心路歷程感言。
1926	37歲	創設文化書局。十一月，發表〈左右傾辯〉一文。
1927	38歲	發表〈今年之口號〉一文，提出「同胞須團結，團結眞有力」的口號。台灣文化協會分裂，退出「新文協」。糾合同志，致力於政治結社，先後籌組台灣自治會、台灣同盟會、解放協會、改革新會、台灣民黨。台灣民眾黨正式成立，擔任中常委、財政部主任。
1928	39歲	草擬台灣民眾黨二次大會宣言，確立黨的指導原理。台灣工友總聯盟成立，身爲顧問的蔣渭水是主要領導者。
1929	40歲	領導反對阿片（鴉片）新特許運動。
1930	41歲	揭發台灣當局對霧社事件處置不當，要求改革理番政策，並速將台灣總督、警務局長、台中州知事等撤職。
1931	42歲	台灣民眾黨遭查禁。被扣上「蔣家店」的帽子。八月五日病逝台北醫院。

台灣報人

林呈祿

（1890～1931）

【語錄】

●「史上既無阻止時勢得住之權力，自知正義，必無不收最後之勝利。」

●「若是不謀社會的幸福，不知民衆的勞苦，只曉得侍候官僚，奔走權勢，足將進而赼趄，口欲言而囁嚅，患得患失，不惜敗節墮名，這輩人，豈不是士林蝨賊嗎，怎能夠算做士呢？」

【評價】

●「他性格沈著而冷靜，頭腦明晰而縝密，不衝動，不游移，這是做為一個理論構成者不可或缺的條件。」——葉榮鐘

東方出版社在日治時代即為台北市出名的書局「新高堂」。位於「本町」（重慶南路）和「榮町」（衡陽路）交會路口的新高堂，是「書市街」的代表建築。而林呈祿是戰後延續書香市街的代表人物之一。

「台灣報人」林呈祿，號慈舟，一八八六年六月二十七日（據其行述）誕生於桃園廳竹圍庄字崁下（今桃園縣大園鄉竹圍村），兄弟四人，他居最幼。祖父林分來（諡純朴）以耕讀爲務，頗受鄉里敬重；父親林振威十歲失怙，堅苦自立，服務「板橋林家」林本源，擔任桃園到竹圍間拔仔林收租總管，忠實勤謹，很受東家器重。一八九六年，林呈祿十一歲時，父親林振威爲保釋鄉民，與日本軍警交涉，因言語隔閡引起衝突，被日本人殺害；加以三兄林成也在前一年割台之初，痛遭日軍戕戮，父仇兄恨，令他難以釋懷。母親呂氏恭儉持家，垂危時亦遺言子孫：「勿忘我漢族，勿與日人通婚。」

考取文官　研習法律

林呈祿自幼失去父親，居處窮鄉，但是他發奮向學，一九〇五年考取台灣總督府立國語學校國語部，一九〇八年四月以優異成績畢業，旋獲台灣銀行任用。當時得以進入台灣銀行工作的台灣青年寥寥無幾，本應受寵若驚，然而林呈祿卻不願做日本人的聚歛工具，對此金融工作興趣缺缺。幾個月後，他毅然辭職，轉職桃園廳大坵園公學校，擔任小學教員。

一九〇九年，他辭去教職，進入台北地方法院擔任雇員，並積極準備參加日本文官考試。翌年，林呈祿不負眾望，以榜首考取普通文官考試，接受台灣總督府統計講習會訓練後，以法院書記官資格，分發在台北地方法院統計部門工作，當時他是擔任斯職的唯一台灣人。

林呈祿在台北地方法院服務期間，認識了一位中國人蕭仲祁（號禮衡），他是湖南省督軍譚延闓（即陳誠的岳父）的親信，奉派前來台灣考察司法制度。林呈祿曾到他下榻的旅舍拜訪，表明有意爲「祖國效勞」的心志。蕭仲祁

不僅表示歡迎，而且約定回國後，必很快代爲安排職務。

然而，林呈祿久候仍無音訊。一九一四年三月辭去書記官職務，負笈東瀛。由於他早已加入明治大學函授學校讀法科講義錄，有了「校外生」的資格，所以通過明治大學法律科三年級的測驗，直接成了四年級的大學生。同年七月，他獲得大學文憑，續進高等研究所深造。

他在東京留學期間，向一位中國籍雲南留學生學習北京官話，並得其好意，表示願意向中國司法總長張紹曾推薦他，安排工作。

西渡唐山　滯日活動

一九一七年二月，林呈祿隻身從東京西渡大陸，赴北京求見張紹曾，希望能謀求一職，但因當時中國政情不穩，未能如願。

林呈祿在人生地不熟，走投無路之時，蕭仲祁的聘書卻由日本轉到北京。雖然這個工作機會姍姍來遲，但畢竟是及時雨，他也就匆匆南下，入湘就職，擔任湖南省立政治研究所教授兼湖南省立統計講習所主任教授。

湖南政治研究所是訓練各縣市長侯補人而創設，省長是譚延闓，所長即蕭仲祁，兩人對這位日本籍台灣人甚爲倚重，可惜不久因爲中國南北軍閥對峙抗衡，政爭不斷，林呈祿深知中國大陸並非久居之地，於是辭職返回東京，準備參加日本司法官考試。

他住在東京神田區三崎町，其寓所對面正是阪谷芳郎男爵所領導的大日本平和協會會址，因之結識了該會主幹、開明的學者川上勇。經由川上的介紹，林呈祿認識了不少日本和朝鮮的民主人士。

由於林呈祿也經常出入中國基督教青年會館，與主持人馬伯援、吳伯容等

中國留學生建立友誼，應他們之邀，參加了「聲應會」，以「大漢民族應當聲氣相應」爲訴求。

當時正值第一次世界大戰結束不久，民主自由、民族自決的呼聲高唱入雲，日本的民本主義運動也方興未艾，林呈祿等台灣留日學生受此新思潮的洗禮，追求自尊「新生活」的意念一觸即發，因此提出「台灣是台灣人的台灣」的主張，公然向日本殖民帝國挑戰。林呈祿的年齡、資歷、見識在台灣留學生中屬於「前輩」，大家都以兄長相待；他的寓所自然成了台灣留學生的聚會場所。大家相聚一起，免不得談起台灣人的處境，以及批判殖民政府的措施，以致啓動了台灣近代史的民族運動。

反六三法　創新民會

林呈祿在明治大學研修法律時，因爲切身關係，對於強權殖民政策頗有涉獵，任教明治大學的泉哲教授（北海道人），對他影響不少。泉哲畢業於美國哥倫比亞大學，專攻國際法。他認爲在國際道德及正義觀念發達下，殖民地政策應以普及殖民地居民的文化，訓練他們自治獨立爲任務，堅決反對同化政策，認爲這是本國本位的統治方針，並非以殖民地的幸福安定爲主。

京都帝國大學教授山本美越乃，是美國威斯康辛大學博士，在京大擔任殖民政策講座，著有《殖民政策研究》專書。山本美越乃贊同殖民地統治，不過反對同化政策，主張讓殖民地自治，承認殖民地的議會制度，使住民擁有參政權，並普及住民的教育及開發知識。林呈祿不僅熟讀山本的著作，也曾親炙他本人。

一九一八年冬，林呈祿與林獻堂、蔡惠如密切來往。有一次，林獻堂在東

京神保町中華第一樓作東，邀請二十多位台灣留學生，會前邀請帖上即印有「對台灣當如何努力」做爲餐敘的討論題目。在此政治性的集會中，眾人意見紛紛，主張互異，有同化論、非同化論、祖國論、大亞細亞主義論、自治論等不同論點；至於如何採行行動，則有主張先培養實力者、有對政治自暴自棄者，亦有訴諸暴力的武斷派等等。最後，通過了「撤廢六三法」，並決定成立「啓發會」，在該會名下設置六三法撤廢期成同盟，以林獻堂爲會長，林呈祿擔任幹事。

「六三法」實施於一八九六年，亦即日本據台的翌年。日本政府認定台灣統治的特殊性，而賦與台灣總督委任立法權。此法源使台灣總督成爲擁有立法、司法、行政三權於一身的「土皇帝」，也是台灣一切惡法之由來。當局不僅毫無誠意廢止此法，而且一再展延，所以學者論說：「欲見專制政治何者？應到台灣去看看！」撤廢六三法即可削弱總督的專制權力，此爲台灣民族運動者所共識。

啓發會並沒有積極運作，即因爲人事摩擦，不歡而散。一九一九年三月，朝鮮發生「三一運動」，數十萬群眾舉行盛大示威，高呼「獨立萬歲！」此後，民眾群起聲援，相約聚於街上，不斷高喊「萬歲」，因此又稱「萬歲事件」。此事件持續兩個月，參加示威的群眾高達一百三十六萬三千餘人。日本政府大爲震驚，於是聲明改變統治方針，由「武斷政治」轉爲「文化政治」，對於台灣的統治也決定改弦易轍，不再派遣武官總督，改派文官總督。如此變革，爲台灣人民帶來了一些期望。

林呈祿覺得自啓發會解散後，若沒有一個組織來推動民族運動，會有錯失時機的遺憾，於是在一九二〇年元旦，蔡惠如到林呈祿家「賀正」（拜年）的時候，勸說蔡惠如組織另一個政治運動團體，於是有了十天後（十一日）「新民會」的創立。

林呈祿不僅是新民會的創會幹部，也成了一九二〇年七月十六日創刊、新民會所發行機關刊物《台灣青年》的總編輯，從此開始其報人的生活。

《台灣青年》創刊號上，林呈祿以筆名「慈舟」發表〈敬告吾鄉青年〉，鼓勵台灣青年發揚時代精神：

「當此世界革新之運，人權發達之秋，凡我島之有心青年，極宜抖擻精神，奮然猛省，專心毅力，考究文明之學識，急起直追，造就社會之良材！」

林呈祿繼續於《台灣青年》一卷三號及一卷四號，發表〈地方自治概論〉與〈改正台灣地方制度論〉，提出了他對日本殖民統治台灣的批判：

「吾人對於既往二十五年間之台灣統治，欲稱之為短期軍政時代與長期警察政治時代之闇黑史，並不憚斷言。夫由此次文官總督時代，而始入於可冠乎光明史之第一頁之『立憲政』

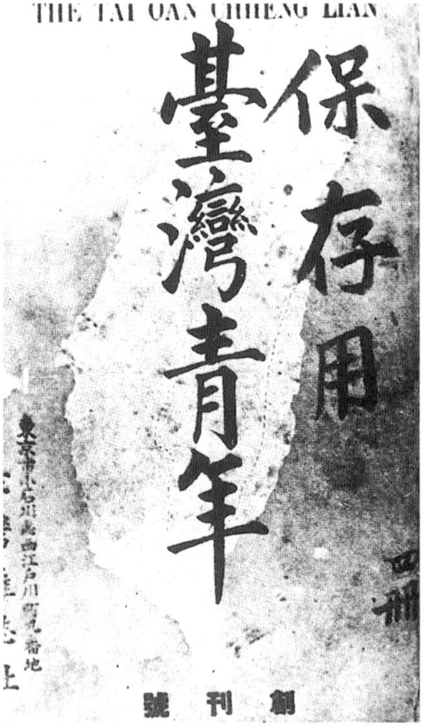

一九二〇年創刊的《台灣青年》雜誌，是台灣非武裝抗日民族運動的啓蒙書刊。身為總編輯的林呈祿呼籲「凡我島之有心青年，極宜抖擻精神，奮然猛省，專心毅力，考究文明之學識，急起直追。」

之準備時代焉。而此準備時代，應經如何長久之年月與否，原來雖係由於當局之教化訓練指導之施設如何而定，一則係由於吾等島民之覺醒努力奮鬥之程度如何而決定者也！」

《台灣青年》的主要幹部：從右上順時鐘分為林獻堂、蔡惠如、彭華英、徐慶祥、蔡培火、林呈祿、林仲澍、王敏川；他們都是站在時代前鋒的先覺者。

提倡民權　爭取議會

一九二〇年冬，「六三法案」因面臨法令時限，需再提交日本帝國議會討

論存廢問題，引起東京台灣留學生的關注。台灣首位文官總督田健治郎於列席證言說：「台灣實際狀況，尚未達到廢棄六三法之域。」消息傳出，群議譁然。新民會爲此召集會員兩百餘人舉行臨時聯席會議，商討如何有限縮減台灣總督的權限，於是撤廢六三法運動之說，又被重而提及，似乎唯有取消六三法，台灣人才可以爭脫殖民統治的束縛。

林呈祿卻持異議，不表贊同。他認爲六三法是因台灣的特殊性而賦與台灣總督更大權力的特別法，假如廢止了六三法，以後的問題可能更值得憂慮。因爲六三法撤廢後，即爲否認殖民地的特殊性，若將日本的法律原封不動搬到風俗習慣不同的台灣施行，豈不承認日本人所主張的同化政策，台灣人將遭受的痛苦和傷害，恐怕更加劇烈。所以他認爲六三法象徵台灣的特殊性，台灣應該選擇走向自治路線，用「以其人之道，還其人之治」的辦法，由台灣選舉民意代表，組成議會，使總督府的預算決算，以及總督所公布的律令，均需經議會審議通過後，才得實施。如此台灣的自主性必然提升，自治權必然歸之於台灣人民。他於一九二〇年十二月出刊的《台灣青年》雜誌第一卷五號發表〈六三問題的歸著點〉，呼籲促使台灣設立特別代議機關。

一九二一年元月，林呈祿更在《台灣青年》第二卷一號，發表〈世界殖民地統治上之對人政治〉一文，從全世界各帝國主義統治殖民地政策觀察。做爲台灣人反抗日本帝國主義的理論依據，認爲要求自由平等已是水到渠成：

「凡世界殖民史上之對人政策，由奴隸時代而進於民權尊重時代，由民權尊重時代而進於自由平等時代，此自然之進化的徑路者也！」

林呈祿的主張逐漸受到大家的認同。主張撤廢六三法和主張自治主義兩派人士，經過多次辯論後取得共識，決定不再要求撤廢六三法。但依當時的環境，實也不便公開標榜台灣自治，免得過分刺激當局，於是表面上不提自治，而以台灣議會設置請願方式採取行動。

熱衷六三法撤廢運動的林獻堂，本來對於新民會會長一職興致缺缺，此時不僅同意接任，也表明願意團結大家，依循林呈祿的理論，共同致力於台灣議會設置請願運動，做爲改革台灣政治的目標。

設願運動　受難治警

一九二一年一月三十日，由林獻堂領銜，一百七十八人連署的台灣議會設置請願書遞交日本第四十四回帝國議會，請願書即由林呈祿執筆。

誠如葉榮鐘所言：「台灣議會設置請願運動，是根據日本欽定憲法賦與臣民的請願權而發動的。這個運動的對手，表面上是日本帝國議會，實質上卻是台灣總督府以及在台的日人特權階級。因爲對手是有組織、有權力的集團，而且虎視眈眈地吹毛求疵，即以提出來的文獻不容稍有瑕疵，這若不是有相當深厚的法律知識與文章修養是無所應付的。在這一點上，呈祿先生可以說是獨擅勝場的角色，因爲他性格沈著而冷靜，頭腦明晰而縝密，不衝動，不游移，這是做爲一個理論構成者不可或缺的條件。」

台灣議會請願運動被喻爲「非武裝抗日運動的外交攻勢」，而林呈祿執筆的這份請願書，眞是寫得四平八穩，毫不做作，據理力爭的精神，見之字裡行間，頗具氣勢：

台灣議會設置請願書

請願趣旨

謹按大日本帝國為立憲法治國，台灣乃隸屬於帝國版圖之一部。因此，在台灣統治上縱使認須要設立特別制度之必要，亦必須依據立憲法治之原則，方為合理。然按諸台灣統治制度，在領台當時，參酌了台灣固有文化制度，及特殊民情風俗，認為有特別立法之必要，且以統治時日尚淺，不能立即走上立憲政治之常軌為理由，於是帝國議會以明治二十九年法律第六十三號，付與總督得發佈命令以取代法律之權，以行政、立法二權，歸由同一統治機關。邇來二十有八年間，該條文雖已由明治三十九年法律第三十一號，變更為大正十年法律第三號，制度卻仍然維持行政、立法混一主義。此不僅帝國

台灣議會請願團抵達日本東京，準備向日本帝國議會提出請願，受到在日本台灣同鄉的熱烈歡迎，「海內外」一致要求自治的呼聲，是同聲吶喊的。

新
議會未成功
要求自由平等
倡民權
爭平等
竹
同志須努力
打破專制主義
大正十五年臺灣議會請願委員餞別會

台灣議會請願運動是「非武裝抗日運動的外交攻勢」。一九二六年，請願委員赴日進行「外交戰」前，在新竹火車站留影；他們特別在紀念照上加上標語：「倡民權、爭平等」「議會未成功、同志須努力」「要求自由平等、打破專制主義」。

治下三百六十萬新附民眾，所不能忍耐之痛苦，更是不合現代世界思潮之污點。今台灣庶政既舉，雖然外觀呈現出秩序整飭的模樣，其實內在方面官憲獨行，民意未能暢達。尤以歐洲大戰後，道義思想勃興，促進全球人類極大的覺醒；國際聯盟成立後，更給予列強外交、內政做根本的革新。最近又締結四國協約及海軍條約，使國勢均衡，以確保遠東和平。但民心尚未能達到安定之程度，社會尚在改進之途上，處此重大時局，為維持東洋和平，帝國誠宜外敦邦交，內和百姓，以圖邦基之鞏固。因此，對新領土之台灣統治，誠宜參酌其特殊情況，因應世界思潮，洞察民心趨向，迅速付予種族平等待遇，使其符合立憲常軌。則開設由台灣住民公選之議員，組織台灣議會，使台灣民眾能體會一視同仁之聖旨，均霑立憲政治之恩澤，以善良國民，完成其地理上、歷史上所負特殊使命，相信此乃帝國目前最大急務。如果不能如此，而尚繼續現在這種制度，以抑止民權，塞閉民意，則新附民眾對帝國統治恐難免懷抱疑懼。此乃請願人等為國家著想，夙夜所憂懼者。若能諒解請願人等之意念而有所採擇，允准設置台灣民選議會，付與施行於台灣之特別法律及台灣預算之協贊權，與帝國議會相輔台灣統治之健全發達，不獨台灣民眾之幸福，誠為日本帝國新領土統治史上輝煌燦爛之一大功績。用敢作此請願，懇請審查銓議是禱。」

「請願案」雖然列入日本貴族院、眾議院請願委員會議程，但於貴族院審查時，台灣總督田健治郎發表意見，認爲此要求無異將使台灣成爲「類似英國之於澳洲及加拿大的自治體」，與帝國所欲推展的「本國延長主義」方針牴觸。結果請願案遭到不採擇的命運。

新民會會員明白，要爭取台灣人的議會，並非一蹴可幾，絕無「朝請願而

夕許可之理」，因此決定另有後續動作。

蔣渭水、蔡培火等認爲籌設台灣議會期成同盟會，以組織的力量來推動才能有效。他們在島內申請結社，遭到台灣總督府以違反治安警察法禁止。他們乃利用第三次議會請願運動上東京請願的機會，以日本的「異法地域」之便，順利地將台灣議會期成同盟會在東京重建，並於一九二三年二月二十一日在台灣雜誌社舉行發會式（成立典禮），林呈祿被與會人士推選爲主幹。

台灣總督府認爲在東京成立的台灣議會期成同盟會是台灣被禁止結社的延長，視其爲心腹大患，欲除之而後快。遂於當年十二月十六日拂曉進行全島大檢舉，派出大批憲警，將該會會員及相關人士四十一人拘押，並有五十八人被搜索或傳訊。這次迫害民主運動人士的舉動，是謂「治警事件」。林呈祿因是台灣議會期成同盟法律上的負責人，也被由東京押回台灣，且被起訴爲「事件第一號被告」。

一九二四年七月二十五日起，台北地方法院召開第一審公判，林呈祿除了在庭上做陳述外，也朗讀各方面對於殖民地統治的意見，以佐證他們的行爲並不拂逆潮流。兩次發言，共談兩個多鐘頭，他說：

「諺云：『強權所在，沒有正義公理。』如今日對於台灣的官憲，將白強指做黑，我們雖知其不然，而鑑於檢察官那樣的論告，也就不得不說是了。

凡人對現在的生活都感不滿，由現在的社會狀態，希望要使其更進步發達，這是人情之所使然的，我們運動請願台灣議會的設置，其本質也是要將向來日本對台灣的統治制度欲使其更進一步，然居在因襲的、保守的地位的台灣官憲卻看做危險、過激；而司法的行動，也常常將普通的現象看做危險的結

● 殖民政府以「台灣議會請願運動」違反治安警察法，而將參加該同盟會人員逮捕、審訊，林呈祿也由日被押回台灣。此為在法院第二次審公判時的「受難者」與台、日律師合影紀念照。

果，這也難有多少保守的性質了。

今日我們在這法庭，雖做犯罪的被嫌疑者，而時勢的推移，使之我們的希望，漸有實現的可能性。所以今日雖誤看我們做違背台灣總督的統治方針，後日必定能（後）悔認做不當處置，給世人做笑柄而已。」

林呈祿最後被判禁錮三個月，但是台灣議會請願運動、文化協會的活動、《台灣民報》的發行，卻更熱絡的推展。非武裝抗日民族運動正掀起澎湃巨浪，衝擊著日本殖民政府。

主持筆政　爭取言論

一九二一年十月十七日，台灣文化協會創立，林呈祿膺任四十一名理事之一。

一九二二年二月十五日，《台灣青年》雜誌發行最後一期，而後在四月一日正式改名《台灣》雜誌，由林呈祿擔任主幹（總編輯）。此乃因新民會認爲宣傳應擴大到一般社會大眾，不應僅限於青年，並且希望以出版企業組織方式來經營，不必像《台灣青年》雜誌時代，需仰仗各界的捐助。

翌年六月，台灣雜誌社株式會社成立於台北，林呈祿擔任常務董事。《台灣》雜誌發刊的兩年期間，正是台灣議會設置請願運動及台灣文化協會活動力正旺的時候，林呈祿也以如椽之筆，向台灣同胞鼓吹「自決、自治」，向殖民政府爭取權益，影響層面甚廣。

《台灣》雜誌持續三年，發行十九期，因爲參與編輯、撰稿的留日學生先後完成學業，各奔前程，加以營運一度陷入困境，而有停刊之議。林呈祿獨持

異議，認爲好不容易有「我們手裏辦的精神堡壘，豈能因一時的困難，便因噎廢食」，終得大家同意，再堅苦支撐下去，內容也漸漸傾向於台灣現實問題的探討。

一九二三年四月十五日，《台灣民報》創刊。林呈祿在創刊詞上寫著：

「發行《台灣》雜誌，雖然到了如今，時勢已經進步，只有一個雜誌，實在不足應社會各方面的要求，所以這回新刊本報，專用平易的漢文，滿載民眾的智識，宗旨不外欲啓發我島的文化、振起同胞的元氣，以謀台灣的幸福、求東洋的和平而已。」

《台灣民報》亦由林呈祿擔任主幹兼編輯人，黃呈聰出任發行人。

《台灣民報》的第二期（一九二三年五月一日發行），林呈祿再執筆「社說」（社論），題爲〈濟濟多士〉，和台灣同胞共勉：

「敬愛的同胞諸君！我們島內兄弟，若有不謀社會的幸福，不知民眾的勞苦，只曉得伺候官僚，奔走權勢，足將進而趑趄，口欲言而囁嚅，患得患失，不惜敗節墮名，這輩人，豈不是士

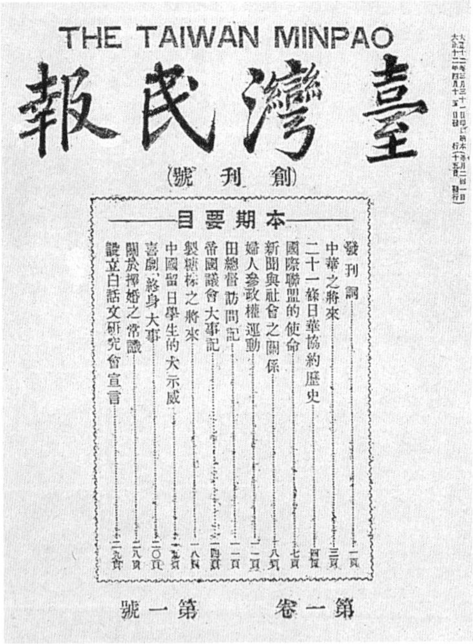

THE TAIWAN MINPAO

臺灣民報

（創刊號）

本期要目

發刊詞……一頁
中華之將來……三頁
二十一條日華協約歷史……四頁
國際聯盟的使命……七頁
新聞與社會之關係……八頁
婦人參政權運動……一一頁
田總督訪問記……一一頁
帝國議會大事記……一四頁
製糖界之將來……一八頁
中國留日學生的大示威……一九頁
喜劇，終身大事……二〇頁
關於擇婚之常識……二八頁
設立白話文研究會宣言……二九頁

第一卷　第一號

《台灣民報》創刊號以「平易的漢文，滿載民眾的智識、宗旨不外欲啓發我島的文化、振起同胞的元氣。」辦報的目的十分明顯，因之標榜「台灣人唯一的喉舌」。

林之蠢賊嗎？怎能夠算做甚麼士呢？萬望諸君！記得勞工神聖、職業平等，人人總要確立根本方針，個個都要共相勉勵，決不可顧目前而誤終身，求已榮而毒社會，果能這樣，那就我島前途，大有希望了。」

一九二三年九月一日，日本東京發生大地震，災情慘重。已印好的《台灣民報》第一卷七號被燒燬，第八號原應於九月十五日出刊，延至十月十五日才

《台灣青年》雜誌於一九二二年正式改名為《台灣》雜誌，顯見先覺者認為宣導民族意識，應由青年人擴大到社會大衆，而且尚需企業化組織；此照為位於日本東京市的台灣雜誌社。

發行，不過由半月刊改爲旬刊。一九二四年五月，爲集中力量發展《台灣民報》，將《台灣》雜誌停刊。此時《台灣民報》的發行數達一萬部，幾可和當時台灣島內官方辦的《台灣日日新》《台南新報》《台灣新聞》抗衡，成爲最重要的在野言論。

一九二四年九月一日，《台灣民報》第二卷十六號製作了「治安警察法違反嫌疑事件第一審公判特別號」，林呈祿以待罪之身執筆寫〈正義和權力〉做爲本號刊頭，表達出維護公理的呼聲！

「民眾的智識，追隨時勢，日日漸進步；官僚的思想，靠著權威，年年都不變。為這緣故，所以在世界上無論東西古今，皆有民眾和官權衝突之歷史。

試看我台改隸以來，既經過了三十年，民眾之新智，雖未普遍發達，但已有相當的進步。立志之後生，雖欠自治訓練，也知政潮的趨向，但是官界之空氣，鬱積不疏通，優越的心理，混沌未盡去，所謂少所見、多所怪，用舊官治新民，思想相離太遠，時代已甚錯誤，以致生起種種的恐怖、猜疑、誤解、軋轢之不好現象。

雖然，我台有心自覺的新人，擁有滿腔的熱血，憑正義、遵公理，作社會之犧牲，謀人類之幸福，所以對於有力執權的階級，決不假力以抗爭，斷無怕力而退縮。惟有堅持主義、一貫精神，明樹立憲之旗幟，循行平等之軌道、守法令、聽司直，順潮躍進，期達最後之目的而後已。史上既無阻止時勢得住之權力，自知正義，必無不收最後之勝利了。」

一九二四年，《台灣民報》編輯部從日本移到台北大稻埕大安醫院內，由

蔣渭水、王敏川負責。一九二五年七月十二日，即第六十號，再由旬刊改爲週刊，每星期日定期刊行。

一九二六年七月十六日，《台灣民報》獲准在台灣印行。林呈祿爲了籌備在台的編輯工作，結束了多年的東京生活，束裝遷眷返台。

一九二七年，台灣抗日陣營嚴重分裂，左右爭權，鬧得相互攻許，水火不容。台灣文化協會被左派占據之後，《台灣民報》也脫離「新文協」，成爲新成立的台灣民眾黨的發言

● 一九三二年，《台灣新民報》董事會主要幹部合影：後排立者左起林呈祿、楊肇嘉、蔡培火。前排坐者左起：林資彬、林柏壽、林獻堂、羅萬俥。

機關。

言論自由　扎根台灣

一九二七年八月一日，《台灣民報》正式扎根台灣，發行「遷入」台灣的第一號，序號爲「總號一六七號」。林呈祿以〈民報的轉機〉爲題，重申在島內發行的意義，以及必然持續爲「台灣人言論機關，代表民意、要求民權、擁護民生」奮鬥。

《台灣民報》在台灣發行後，廣受台灣民眾支持，業績蒸蒸日上，三年之後，爲預做未來的發展，於一九二九年一月十三日成立株式會社「台灣新民報社」，資本額三十萬

● 台灣新民報社召開股東大會的盛況。《台灣新民報》能成為當時島內和四家御用報紙相抗衡的報紙，顯見台灣人民的支持。

元，以爭取發行日刊。台灣新民報社由林獻堂擔任董事長，羅萬俥爲常務董事，林呈祿和林履信、林資彬爲董事，李瑞雲、楊肇嘉、劉明哲等爲監事。

一九三○年三月，「民報社」的發行權移轉給「新民報社」，並於同年三月二十九日發

●《台灣新民報》的同仁在報社前拍下此張團體照：一九三二年四月十五日，終於達成了出版日刊的使命，「爭取到每天的言論自由」。

行第三〇六號起，正式改稱《台灣新民報》，仍以週刊出報。

「爭取每天的言論自由」，發行日刊，是「台灣人要求的最大項目標」（葉榮鐘語），然而日本當局竟開出了「需由日台人合資，董監事、記者需日台人各半」的無理條件，加以設限。以致《台灣新民報》每日見報的願望一時難以兌現。

一九三一年，石塚英藏總督因霧社事件下台，發行日刊始獲轉機。新任台灣總督太田政弘批准了《台灣新民報》每日出刊。

一九三二年四月十五日，《台灣新民報》正式發行日刊第一號。日本當局所核准的週刊《台灣民報》是四開三張，日刊《台灣新民報》則是對開兩大張。筆陣貔貅的日刊《台灣新民報》，仍由林呈祿在筆政上「領軍」，擔任總主筆兼總編輯。

《台灣新民報》日刊第一號的社論，林呈祿以〈眾望所歸的日刊誕生了〉爲題，詳細敘述十二年來，台灣人創辦這份唯一報紙的艱辛奮鬥過程，以及發行日報的重大意義。

由民族資本經營的《台灣新民報》，秉持其做「台灣人的喉舌」之外，還得和當時島內的四家御用報紙相互競爭。一九三四年，《台灣新民報》也和這些「類似官報」的御用報社一樣，發行晚報，愈拚愈勇，銷售分數突破五萬以上。以彼時台灣總人口數才五百多萬，可見發行量相當驚人。

戰時統制　聲息報亡

一九三一年，「九一八事變」發生，中日關係更趨緊張，日本對台灣的統治也變本加厲，思想統治愈來愈嚴密，皇民化運動緊鑼密鼓地推動。台灣總督府更於一九三七年四月一日強制廢止全台日刊報紙漢文欄，只准《台灣新民報》寬延至五月先減少爲一半，六月底漢文全廢，之後整份報紙都需改用日文。七月七日，中日戰爭掀開序幕；八月二十四日，台灣總督府設立臨時情報部，以「戰時警告」爲藉口，開始新聞檢查及統一發布消息，全面統制新聞報導，言論自由完全喪失，台灣報業淪爲政令的傳聲筒。

《台灣新民報》雖然有意再苦心支撐，但在軍部重大壓力下，終於在一九四一年二月十一日改名爲《興南新聞》，同時常務董事兼總經理羅萬俥改任顧問，由林呈祿繼承其職務。林呈祿無可奈何地接任，「也無所作爲，衹有奉行故事」。爲使日本軍部放心，林呈祿也將名字改爲日式的「林貞六」，「貞六」和「呈祿」的日本讀音相似。

太平洋戰爭爆發後，台灣物資短缺日甚一日，鉛字、紙張嚴重不足，迫使雜誌紛紛停刊，報紙也只好以減張，改成日出一張來應付局面。

一九四四年，盟軍大舉轟炸台灣，各報的發行已呈乏態，有的報社打算宣告停刊。台灣總督府遂於三月下令《台灣日日新報》《興南新聞》《台灣日報》《高雄新報》《台灣新聞》《東台灣新聞》等六家報紙合併，改稱爲《台灣新報》，以《興南新聞》拖延殘局的台灣新民報系，自此連「名存實亡」也談不上了。三月二十七日，《興南新聞》宣告被合併前的「停刊之辭」，由林呈祿撰寫。

林呈祿在其口述歷史資料說：「從《台灣青年》創刊起，歷經《台灣》《台灣民報》《台灣新民報》到《興南新聞》爲止，漫長的二十五年間，一直擔任總主筆、總編輯，主持筆政，從沒有換過崗位。」（註：林呈祿自一九二二年接辦《台灣青年》，應爲二十三年）誠如葉榮鐘所說：「像他由月刊，而旬

刊，而週刊，最後發行日刊，而始終擔任主筆重任，在世界新聞史上恐怕也少有其例吧！」

林呈祿此後的日子過得十分嘔氣！他的長子林益謙，畢業於日本帝國大學法律系，高等文官考試司法暨行政兩科及第，是不可多得的榮譽，只能任職台灣總督府，做個金融課長而已。戰爭時期，日本軍部也屬意林呈祿做「皇民奉公」的表率，逼迫他擔任「皇民奉公會」生活部長，爲此他憂悶困惑，而託林獻堂三子林雲龍向林老訴苦。林獻堂以「生活之不善者當改之！其善者當保之！切不可使台人亦步亦趨，以仿效日人生活樣式爲能事也」來安慰他。

一九四一年七月，台灣總督府更以「總督府評議委員」的職務來籠絡林呈祿。一直在民族陣容中，主張民選議會，反對虛銜評議員的林呈祿，獲得此「虛榮」，只有做無可奈何之嘆。

從事出版　韜光養晦

一九四五年八月十五日，日本投降。九月六日，林呈祿與林獻堂、羅萬俥、陳炘、蘇維樑等到南京參加受降典禮，後因爲諫山參謀長所詒，未能參加此歷史性儀式。

十月二十五日，國民政府接收台灣戰時唯一的報紙《台灣新報》，改名爲《台灣新生報》，由李萬居擔任社長，林呈祿改聘爲該報董事，嗣後應聘台灣省文獻

● 林呈祿紀念銅像，目前收藏於台北市重慶南路東方出版社。

林呈祿與東方出版社全體工作同仁合影，彼時發行《東方少年》雜誌，深受青少年讀者歡迎。

委員會顧問。

一九四五年十二月，游彌堅派員租下原日本人經營的新高堂書局，創辦東方出版社。之後游彌堅榮任台北市市長，無暇兼顧，乃聘林呈祿爲社長，後出任董事長，迄一九六七年改任顧問。其間，他以幾近閉門謝客的生活態度，安分守己地爲台灣出版事業盡最後一分力量！

論者有謂，以林呈祿在日據時代聲望、才識，而且「光復那年六十尚未出頭」，爲什麼甘於蟄伏，不再涉足政事？葉榮鐘有如此中肯的評述：

林呈祿，右下角為其親筆簽名。他一生盡瘁於新聞、出版事業，在日治時代更是「非武裝抗日的喇叭手」。

「平心而論，《台灣新民報》這一份民族的遺產，在他負責任內消滅是事實，但是全部的責任卻不能由他一人來負。當時日本軍部為便利其所謂『大東亞戰爭』，雷厲風行地推行統合運動，上自政界，下至私人企業，合併的合併，收購的收購。堂堂國家的公黨，只消軍部示意，莫論民政黨，莫論政友黨，立即把各有幾十年的歷史棄之如敝屣……區區殖民地的幾個新聞社，何足道哉。這一點純係時代的壓力所使然，呈祿先生大可以心安理得，無須為此難過。」

其實，林呈祿最後過著韜光養晦的退隱生活，不是可以跟林獻堂去國懷鄉的做法相比擬嗎？他們對戰後的政治徹底失望，林獻堂選擇在日本終老，而林呈祿堅持留在自己的鄉土上。

一九六八年六月十六日，林呈祿以血管硬化症不治逝世，享年八十三歲，七月七日在台北市殯儀館舉行告別式。其「行述」綜觀生平云：「遭時險峻而識見宏深，雄於文才而察理精緻，敏於行事而澹泊名利。」葉榮鐘亦說：「在這奔競鑽營，眩鬻要賞成爲社會風氣盛熾的時代，愈覺其難能可貴，思之令人有疾風勁草之感。」

一代台灣元老報人，其「不爲己甚」的精神，足爲典範！

林呈祿年表

1886	01歲	六月二十七日出生
1895	10歲	日軍侵台，三兄遭日本人殺害。
1896	11歲	父親爲保釋鄉民，被日本人殺害。
1905	20歲	考進台灣總督府國語學校。
1908	23歲	「國語學校」畢業。進台灣銀行服務；不久轉任教職，於大坵園公學校擔任教員。
1909	24歲	辭教職，任台北地方法院雇員。
1910	25歲	普通文官考試及格，任法院書記官。參加明治大學函授學校讀法科講義錄。
1914	29歲	負笈東瀛，進明治大學法律科。
1917	32歲	前往中國，擔任湖南省立政治研究所教授兼湖南省立統計講習所主任教授。

1918	33歲	因覺中國非久留之地，再回日本。與林獻堂、蔡惠如來往密切，研議籌組啓發會，並設置「六三法撤廢期成同盟」，擔任幹事。
1920	35歲	元月十一日，新民會成立，他是創會幹部，也擔任機關刊物《台灣青年》總編輯。
1921	36歲	提出「爭取台灣議會」理論基礎。由林獻堂領銜，一七八人連署，向日本第四十四回帝國議會提出林呈祿執筆的請願書。台灣文化協會創立，膺任理事。
1922	37歲	《台灣青年》雜誌改成《台灣》雜誌，擔任「主幹」（總編輯）。
1923	38歲	《台灣民報》創刊，擔任「主幹」兼編輯。台灣議會期成同盟會在東京成立，被推選爲「主幹」。年底，台灣發生「治警事件」，林呈祿由日本押解台灣，並列爲第一號被告。
1924	39歲	《台灣民報》移至台灣編輯。
1926	41歲	《台灣民報》獲准在台印行；攜眷返台籌備報業推展。
1927	42歲	《台灣民報》正式在台灣發行，發表〈民報的轉機〉一文。
1929	44歲	株式會社「台灣新民報社」成立，爭取成爲日刊，膺任董事。

年	歲	事
1930	45歲	《台灣民報》改名爲《台灣新民報》。
1932	47歲	《台灣新民報》日刊發行，擔任總主筆兼總編輯。
1937	52歲	殖民政府下令廢止報紙的漢文欄，《台灣新民報》寬延至五月減爲一半，六月底全改用日文。
1941	56歲	《台灣新民報》被迫改爲《興南新聞》。繼羅萬俥任常務董事兼總經理。
1944	59歲	平洋戰爭，日軍節節失利；盟軍轟炸台灣；殖民政府將全台六家報紙合併成《台灣新報》。
1945	60歲	赴中國南京參加受降典禮。《台灣新報》經國府接收後，改組爲《台灣新生報》，擔任董事。受聘爲台灣省文獻委員會顧問。擔任東方出版社社長，後改任董事長。戰後，退出政治活動，從事文化工作。
1968	83歲	六月十六日辭世。

磺溪文化先鋒

黃呈聰

（186～1963）

原名「半線」的彰化，得名為「顯彰王化」，但日軍接收時，在八卦山有一場激戰，而後統台又不順遂，故以「惡化」稱之。海拔九十六公尺的八卦山是兵家必爭之地，黃呈聰抗日精神源於家鄉。

學習實業　得志商場

「磺溪文化先鋒」黃呈聰，號劍如，一八八六年三月二十五日出生，台中州彰化郡線西庄人（彰化近郊十五張犁）。父親黃秀兩爲地主，黃呈聰排行老二。

清廷割台那年，黃呈聰十歲，已經懂事。日本軍隊強行接收台灣時，曾遭到捍衛鄉土的義軍、義民激烈反抗，在彰化八卦山更進行了一場驚天地、泣鬼神的戰役。日本人憑藉堅銳槍砲的殘暴虐殺，給他留下深刻印象，也因此對專橫獨裁的外來政權懷抱著不滿情緒。

一九〇三年，十八歲的黃呈聰畢業於彰化第一公學校。本來「公學校」（小學）的修業年限爲六年，但他在五年級時，便考取台灣總督府立國語學校。「國語學校」原只設立師範部和國語部（專爲台灣人實施普通教育），一九〇二年始增設實業部，黃呈聰選擇了這個新興部門的農業科，於一九〇七年三月完成學業。

台灣總督府立國語學校在一九一九年改制爲「台北師範學校」，和台灣總督府醫學校是台灣當時的最高學府，畢業生都是頭角崢嶸的人士。黃呈聰曾將這兩所學校比喻爲「台灣的劍橋和牛津」，並且說：「若論本島人確實以此兩校為中心，如各地方現在為社會中堅的人物，有支配社會的勢力，大概都是由這兩校出身的。醫學校是把持台灣醫事衛生方面，國語學校是把持台灣教育方面，官界和實業界的人很多。至於在社會上，文化的啓發，也是以這兩校的卒業生為指導者，這是大家所知道的，不必我喋喋。」（一九二四年十二月）

顯然地，黃呈聰對母校是很自豪，而他也正是國語學校的優秀畢業生。

黃呈聰畢業自實業部農業科後，即投入商界，憑藉家中雄厚的財力，學以致用，從事鳳梨罐頭業、輕便鐵道、蔗糖、米業的經營，屢有斬獲，可謂得志於商場。一九一七年，年僅三十二歲的黃呈聰即獲得台灣總督府頒授的紳章，但他卻視這項殊榮爲一塊「臭狗牌」。

黃呈聰在事業鼎盛時，獲台灣總督府頒授紳章，他並不以此為榮，而且戲稱紳章僅是一枚「臭狗牌」。

負笈東瀛　投效民運

黃呈聰而立之年得志商場，在實業界闖出盛名，但他仍然覺得學有不足。他不願一輩子做個生意人，在錢堆中翻滾，因此決定棄商從「文」，毅然放下事業，負笈日本，考取早稻田大學政治經濟科。

黃呈聰留學日本的時候，正值東京台灣留學生民族自覺運動匯成氣候。向來，台灣留日學生對自己鄉土的社會、政治問題都很冷漠，甚至有「努力與內地（日本）的風俗習慣同化」的現象，因而常被中國、朝鮮等地留學生譏諷爲「唯唯諾諾，屈從威權，甘願受日本統治。」然而自從世界性的民族自決主義的思潮興起，他們的思想大爲轉變，公然主張「台灣非屬於台灣人的台灣不可」，進而走向實踐運動的道路。

旅日台灣留學生在林獻堂、蔡惠如等人號召下，於一九一九年底組織了「啓發會」，而後於一九二〇年一月十一日，改稱「新民會」，所揭櫫的綱領雖然僅是「專門考究台灣所應予革新的事項，圖謀文化之提高」，不過站在民族自決的立場，新民會準備在家鄉推進台灣人民的啓蒙運動，追求自治民權是無可置疑的。

新民會的正、副會長分別由林獻堂與蔡惠如擔任，下設幹事二人，由黃呈聰與蔡式穀膺任，足見黃呈聰是中樞人物。

一九二一年一月十日，剛被任命爲台中下見口（一九二〇年改名爲「線西」）區長的黃呈聰，在家鄉發動了政治運動，反抗威權統治。他與彰化郡其他五名街庄長連署，建議台灣總督田健治郎撤廢連坐責任的惡法——保甲制度。他的果敢行動得罪了當局，拖累了家庭。之後黃家飽受官憲的壓迫，家無寧日。他的父親黃秀兩眼見日本統治者的惡形惡狀，憤而帶著家眷移居福建漳州，聲明「永遠做中國人」，以示抗議。黃呈聰則離卸了線西區長之職，決心和殖民政府周旋到底！

一九二一年台灣文化協會成立，黃呈聰是主要幹部。十二月二十九日，他被選爲新民會的實踐部隊——台灣青年總會總務幹事（會長）。

一九二二年，黃呈聰在《台灣青年》雜誌發表〈年初雜感〉，表明將再踏出堅定的腳步，爲鄉梓奉獻一己之力。他說：「從前，我過的曾是自我本位的消極生活，……而決心從今起要活得有意義……。」他還不忘呼籲仁人君子，一起獻身於「改造台灣，而讓我們盡一切努力，使台灣化為有意義的台灣」。

《台灣青年》雜誌改組爲《台灣》，並成立股份有限公司，黃呈聰參加入股，並被選爲董事。

黃呈聰（前排左一）、林獻堂（前排中）、林呈祿（前排左三）、蔡焙火（前排右三）和王敏川（後排左一）等人，不僅是抗日中堅分子，也是文化先鋒。

黃呈聰在日本時便積極參與台灣議會期成運動，與島內同胞相爲互應，爭取台灣自治權。一九二三年「治警事件」發生時，他因不在台灣，幸而脫身，沒有受害。

推行白話　文化先鋒

一九一三年起，黃呈聰即開始學習「國際語」，可能是對「言文一致」的問題有所關心。

一九二二年六月，黃呈聰前往中國，時距北京各校學生發起「五四運動」不過三年。他目睹大陸白話文運動的蓬勃發展，深有所感。他說：「這個白話文，不但是民國採用做國文，使全國的學堂將這個文編做教科書，以普及全國的民眾，其他新報、雜誌、著書、譯書大概也都是用這個白話文做的。所以這個白話文，不是一部分好奇的人偏要用的，現在已經普及到全國，在社會上有一個大勢力。如今，古文體的記述已經漸見凋落，因爲不合適現在社會民眾的應用。」

一九二三年元月一日，黃呈聰於《台灣》雜誌四年一號，發表〈論普及白話文的新使命〉，這篇推動「台灣白話文運動」的檄文，不難了解其語重心長：

「回想我們台灣的文化，到如今猶遲遲沒有活動，也沒有進步的現象，原因在那兒呢？我要回答說，是在我們的社會上沒有一種普遍的文，使民眾容易看書、看報、寫信、著書，所以世界的事情不曉得，社會的裡面暗黑，民眾變成愚昧，故社會不能活動，這就是不進步的原因了。於是我感覺普及這種文字，使我們同胞共同努力，普及這個文做一個新的使命，是很要緊的。」

他還強調「島民」應該要有宏瞻的世界觀：

「所以我們若是從世界地圖上看了台灣的島，如像一巴掌的大，怎樣能株守如籠中的小鳥呢？我們的文化是要受東洋和世界全體的支配，我們應該和世界的人做共同的生活，才能叫世界的台灣了。」

《台灣》雜誌社爲因應民族運動的升高，決定創辦半月刊的報紙，目的在於「報導時事，以補雜誌所不能做的工作。」

《台灣》雜誌第四卷第三期漢文版，刊有一篇《台灣民報》的增刊預告，據葉榮鐘表示，係出自黃呈聰之手：

「一個大大的台灣，有三百六十萬的同胞（按：當時台灣人口數字），實在沒有一個代表我們的言論機關，使世間的人幾乎不知天下有個台灣。你道可愧不可愧呢？時勢的變遷，雖然極愚劣的民族，亦曉得言論是人類共同生活的指針，因此即有《台灣》雜誌的發刊。本雜誌自從成立以來，雖受種種的艱難，幸有眾兄弟的熱誠，極力聲援，百折不屈，奮發到今日，已經過了有三、四年了！發行的份數日甚一日，我們當事的人，雖然犧牲一點兒時間，精神上的快樂實在受益不淺。……且說本雜誌雖是積極進行，卻符（副）讀者諸君的盛意，因為頁數有限，漢和（註：中日）兼寫，人人的趣味各不相同，像本雜誌現時的內容，恐怕難得各方面的滿足？所以自四月一日起，欲發行一種半月

刊，名叫《台灣民報》，The Taiwan Minpao，目的是要普遍，使男女老少均知。所以用平易的漢文，或是通俗白話，介紹世界的事情，批評時事，報導學界的動靜，內外的經濟，株式（註：股票）、糖、米的行情，提倡文藝，指導社會，連絡家庭與學校等……，與本雜誌並行，啓發台灣的文化，對我們將來，實在大有可為呢！」

一九二三年三月，黃呈聰從早稻田大學畢業，這時《台灣民報》提前突破

● 《台灣民報》創立紀念照。右起：蔡惠如、黃朝琴、黃呈聰、林呈祿、陳逢源、蔡式穀、蔡培火、蔣渭水。他們都是時代的菁英。

《台灣》雜誌中日文並用的現象，決定採用平易的漢文，或是通俗白話，顯見黃呈聰以白話文做文化普及先鋒的希望得到了共識。果然，一九二三年四月十五日創刊的《台灣民報》第一號，即有〈設立白話文研究會宣言〉，並說明成立該會是「做創刊本報的紀念事業」。

《台灣民報》的主幹由林呈祿擔任，黃呈聰是幹事，負責編輯兼庶務主任，並擔任發行人。他們以如椽巨筆做文化先鋒，是當代能運用白話文的健筆。

執筆立說　口舌立論

黃呈聰於《台灣民報》第一號發表了〈世界政治的新傾向〉與〈婦人參政運動〉兩篇擲地有聲的文章。他在〈世〉文中剴切剖析民主政治的眞義。他寫道：「政治不委於少數的政治專門家、或政治的職業家之手，而是由一般多數的民眾，以自治的精神而自己行使，這是直接民主政治的特色。」「……政治的發源，皆由人民自己積極的發表意思

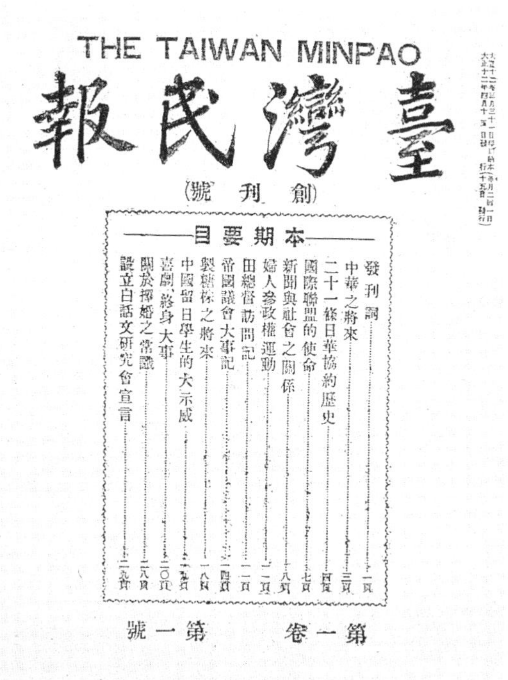
THE TAIWAN MINPAO

臺灣民報

（創刊號）

大正十二年三月三十一日印刷納本（每月二回一日十五日發行）
大正十二年四月十五日發行

本期要目

第一卷　第一號

● 黃呈聰是《台灣民報》發行人兼編輯及庶務主任。他在創刊號即倡導「直接民主政治的特色」和「凡社會的活動，需要男女協力」。

（見），執政者從此據以行政，才能適合民眾的生活。」在〈婦〉文中，黃呈聰呼籲：「凡社會的活動，需要男女協力，才可建設有元（生）氣的社會。」他做此二文，無疑期待大家要順應潮流，不分男女，爭自己的權利，擺脫殖民政府的政治束縛。

《台灣民報》在日本發行，但是讀者群在台灣。一九二三年四月底，他和王敏川為宣傳民報的使命，並勸募讀者銜命返台，在全島各地舉辦巡迴講演會，聽眾反映熱烈，也使台灣文化協會對文化講演會的功效刮目相看。日本官方所編纂的《警察沿革誌》即有如此記載：「（黃呈聰和王敏川）其所講的民族主義及對台灣統治的責難，喚起地方民眾甚深的反應，受到很大的歡迎。於是加深文化協會對講演會的認識，乃有頻繁舉行的熱潮。」他們兩人可以說是「台灣政談演說」的先驅人物。

啓迪農運　興革政治

殖民政府的糖業政策一向標榜成效卓著，但對台灣蔗農來說，他們是受壓榨的弱者，製糖會社吃定了蔗農的膏血。民間俗謠：「第一戇，種甘蔗乎（給）會社磅」，即是對此不公不義吸血政策的控訴。當局設定區域制度，蔗農所栽種的甘蔗僅限定販賣給其區域內之會社，而收購價格由會社任意決定，農民不得異議，而且會社還會偷斤減兩，蔗農完全任由宰割。黃呈聰對此「有社會，而無農民」的不合理現象十分不滿，故擬在故鄉彰化線西籌組「甘蔗耕作組合」，發動蔗農爭取權益，但不幸失敗。惟不久農民運動洶湧澎湃，黃呈聰的首倡功不可沒。

一九二四年八月，黃呈聰又於《台灣民報》第二卷第十五號發表〈對於台

蔣渭水（左一）和黃呈聰（右一）在家居中討論事情，兩位夫人在旁聆聽。

灣人兵役義務的問題〉一文，以「台灣人民雖為帝國的臣民，不過有納稅的負擔，而沒有兵役的義務」，向殖民當局提出了異議，認爲此乃「想是領台當時對新附民（按：指被統治的台灣人民）抱懷的心，恐怕其對本國不能忠實奉公，所以不使新附民負擔兵役的義務。」

日本政府在還未陷入第二次世界大戰的泥淖時，台灣人是沒有服兵役的「權利」，這種害怕台灣人在日本軍隊中「兵變」的心態，是頗可評議的。黃呈聰更進一步指責當局因台灣人不服兵役，進而剝奪政權的參與：「台人兵役義務的有無，全在當局之施行不施行，不是台人之不盡其義務了。或因此而非難不可使其有參政權，這更是謬說的。」

黃呈聰不僅透過輿論表達評語，也與統治者面對面提出建言。一九二四年十月二十九日，他與林獻堂連袂向台灣總督伊澤多喜男和總務長官後藤文夫提出〈建白書〉，希望當局進行改革，項目包括地方制度、教育之普及與內容之改善、警察之改善等，計十二大條，前言有云：

「夫我台灣歸於帝國版圖以來，既閱三十星霜矣。經歷代之總督、長官，經之營之，今也煥然一新，實有隔世之感，雖然歐戰後，世界之大勢一變，島民受此影響，民眾之自覺愈著，故基於過去社會狀態制定之法令，多宜改革焉。而於行政上，則因多年積弊沈滯之民心，亦常懷感不安，此正一大革新之時機；幸閣下佩總督之印綬蒞仕本島，民眾敬慕閣下之崇高人格與政治的敏腕，今後此停滯台灣之現狀，信賢明之閣下，定以滿腹之經綸，下英斷改革，必如快刀之斷亂麻，是更不須多言也，島民所常感苦痛且熱望改革之重要，略舉數條抄列別紙，敬陳於後，若將閣下施政上之參考，是望外之光榮也⋯⋯

……。」

〈建白書〉提出之時，日本憲政會系的伊澤多喜男總督接掌台灣尚未滿二個月，而縷述的興革事項正是受壓迫的台灣人民的不平呼聲。這些要求也成了黃呈聰投效台灣民族運動，鍥而不舍的抗爭目標。

本土意識　台灣文化

一九二五年一月一日發行的《台灣民報》三卷第一號，黃呈聰發表了一篇〈應該著重創造台灣特種的文化〉，針對日本政府同化政策的倒行逆施表示不滿。文中強調：「凡文化是要順其自然的普遍性，不是可以政策來強制的東西，……於是我們對於同化政策是抱反對的意見。」

黃呈聰明確分析台灣文化的淵源，呼籲提倡「台灣特種的文化」。他做了如此的解析：

「我們台灣是有固有的文化，更將外來的文化擇其善的來調和，造成台灣特種的文化。這特種的文化是適合台灣自然的環境，如地勢、氣候、風土、人口、產業、社會制度、風俗、習慣等——不是盲目的可以模仿高等的文化。能創造建設特種的文化，始能發揮台灣的特性，促進社會的文化向上。此種文化的建設是要大家努力，如不這樣努力，只憑著東西各種的文化所翻弄，或有傾於中國，或有傾於日本，或有傾於西洋，為二重生活、三重生活，這是無利益的。總要擇其最善有益的，方可促進社會（的進步），不然終歸於混亂的狀態，適從不一，生活斷趨於複雜，或受物質方面所迷，忘記精神方面的開發，

那就不能使精神和物質併進了。」

黃呈聰強調台灣有「固有的文化」，而且有「特種的文化」，對於外來的文化並不是生吞活剝的。他的「本土意識」也正是當時反威權、反殖民、反專制所揭櫫的共同精神指標。

信奉眞主　傳佈福音

一九二五年五月，黃呈聰爲求到中國發展，請辭《台灣民報》的職務，先赴廈門，再往漳州，後輾轉於南京、上海兩地。其間他接受「眞道」，成爲一九一三年（另說：一九一七年）創設於北京「眞耶穌教會」的虔誠教徒。次年三月，他爲了在家鄉傳佈該教教義，邀請該會初期聖工張巴拿巴（殿舉）和郭多馬等來台灣傳道，於短短四十天之內設立三處教會。

黃呈聰佈道之外，重拾舊業，再度經商，擇居台北，在大稻埕永樂町（今迪化街）開設益豐商事會社。

一九三二年四月，《台灣民報》改組的《台灣新民報》獲殖民當局准許發行日刊，黃呈聰受邀再度服務報業，出任論說（社論）委員兼社會部長。陣容堅強的《台灣新民報》辦得有聲有色，發行量日日增加，使御用報紙不寒而慄。

● 黃呈聰不僅是民族鬥士、文化先鋒，還是真耶穌教的長老「黃以利沙」。

黃呈聰重拾筆政兩載，終於在一九三四年辭去報社職務，遠渡日本，在神戶設立商事會社分社，專心商務。台灣厲行「皇民化運動」期間，他因不在台灣，避過了不少麻煩。一九四四年，由於美軍空襲日益頻繁，才從日本返回故鄉。

戰爭的陰影擴散得愈來愈大，歸台後的黃呈聰也因殖民政府的壓榨愈來愈厲害，令他在提筆、從商皆難施展的情形下，決心專以宗教解救大眾性靈。是時他留下一句話：「痛感世道人心的墮落……。」替神做工的黃呈聰，不惜將十五張犁的祖厝改爲教堂，爲眞耶穌教傳佈福音。

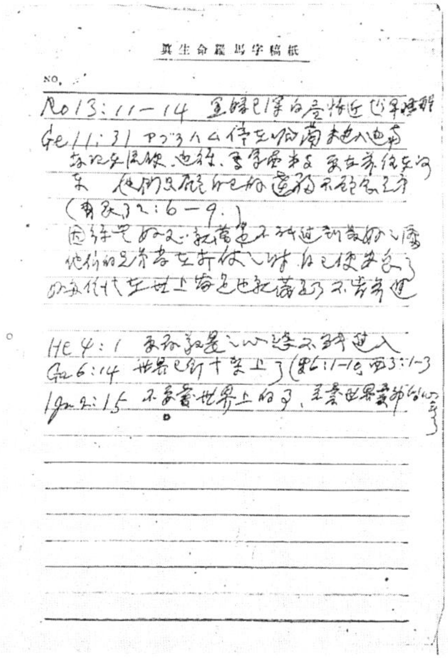

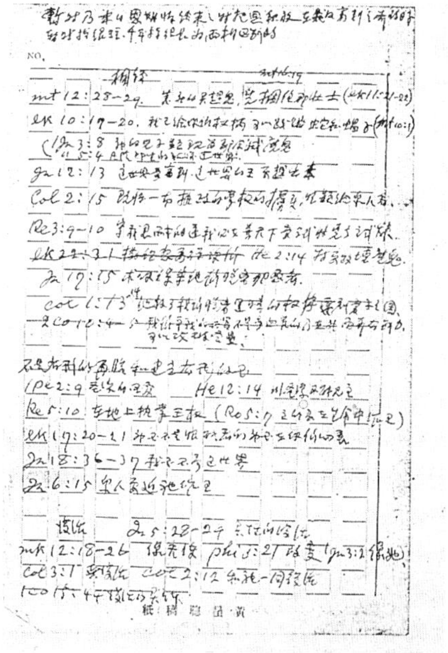

黃呈聰有寫記事的習慣，此為他用「真生命羅馬字」專用稿紙所書寫的兩頁記事。

戰後，黃呈聰擔任台中大甲區署長，但這個地方官的職務不久被撤廢。此後，他可說與政治、商務完全脫節，專注於宗教。倒是私立淡江英專（淡江大學前身）創辦人張鳴得知這位日治時代的老報人，敦聘他擔任該校董事，以及淡江文理學院名譽董事。

「皈依眞神，專心佈道」的黃呈聰，教名爲「黃以利沙」，教會弟兄尊稱爲黃以利沙長老。他的本名「黃呈聰」，在年輕一代反而不爲所知了。

一九六三年七月中旬，黃呈聰寫稿時昏倒，一個星期後（二十日）蒙主恩召，享年七十七歲。

磺溪鬥士　文化先鋒

彰化是台灣的古戰場。清乾隆年間，林爽文、陳周全的起義，決戰於此；日軍征台，揮兵南下，在八卦山之役受創至鉅，而名之爲「惡化市」。這座昔稱「磺溪」的古城，也是台灣的「半線」，地靈人傑，在抗日民族運動史上產生不少志士。除了黃呈聰，尚有王敏川、賴和、黃周、林篤勳、謝南光、許嘉種、楊老居、石錫勳，可說陣容堂堂。黃呈聰也以身爲「磺溪人」而自豪，他曾如此說：「彰化人具有毅然勇為的特點，就是好學，富於進取精神，於凡要革故鼎新的事，都是首倡而沒有落於人後……。」

黃呈聰不僅是首倡白話文的先驅之一，他亦憑藉其鋒銳的健筆，討伐專制暴政，爲民喉舌。早年其「磺溪文化人」的身分，雖因從俗世退隱，從事聖工，而少爲人知，但是翻閱他爲《台灣民報》執筆所遺留下來的言論，再追索其事蹟，我們不得不佩服這位文化先鋒，還兼具是一位民族鬥士。

黃呈聰年表

1886	01歲	三月二十五日出生於彰化郡線西庄。
1895	10歲	清、日簽訂馬關條約，日軍占領台灣。
1903	18歲	「彰化第一公學校」畢業。
1907	22歲	三月畢業於台灣總督府國語學校實業部農業科。
1913	28歲	學習「國際語」。
1917	32歲	獲台灣總督府頒授紳章。
1920	34歲	新民會創立，擔任幹事。
1921	35歲	擔任彰化郡線西區長；因連署撤廢保甲制度，遭當局壓迫卸職。台灣文化協會成立，擔任主要幹部。被選爲新民會的台灣青年總會總務幹事。
1922	36歲	遊歷中國，對中國推行白話文運動成效印象深刻。

1923	37歲	發表〈論普及白話文的新使命〉。早稻田大學畢業。《台灣民報》創刊，擔任發行人兼幹事，負責編輯兼庶務主任。四月，與王敏川返台，勸募民報讀者，並舉辦多場巡迴講演會。擬在家鄉線西推動「甘蔗耕作組合」，未果。
1924	38歲	發表〈對於台灣人兵役義務的問題〉。與林獻堂連袂向台灣總督提出〈建白書〉，要求政治改革。
1925	39歲	發表〈應該著重創造台灣特種的文化〉。再度赴中國，成爲眞耶穌教信徒。
1926	40歲	在家鄉宣教，設立三處眞耶穌教教會。
1932	46歲	一度在台北市永樂町營商，開設益豐商事會社；因《台灣新民報》發行日刊，受邀再度回報業，擔任論說（社論）委員，兼社會部長。
1934	48歲	辭卸《台灣新民報》職務，東渡日本，在神戶經商。
1944	58歲	結束日本事業，返鄉。
1945	59歲	擔任台中大甲區署長。但不久即被撤職。一九六〇年代，先後擔任私立淡江英專董事，淡江文理學院名譽董事。
1963	77歲	七月二十日蒙主召歸。

台灣第一位德國醫學博士

王受祿

（1893～1977）

大成坊

王受祿出身府城台南的書香家庭，台南的文廟是台灣第一所文廟，鄭經時代即創建，此為日治時代的孔廟大成坊。

台灣第一位德國醫學博士王受祿，台南市人，生於一八九三年一月十七日，台灣淪日那一年，他僅三歲。「黑旗軍」劉永福鎮守台南府城，爲成立於台北、反對日本帝國主義統治的「台灣民主國」延續不到五個月的「政權」，終而逃亡的事，對幼年的王受祿而言，未必有所記憶，但在他的成長年歲中，父老的傳言一定使他產生諸多的感觸。

父親王鍾山是府城宿儒，被日本殖民政府聘任爲台南第一公學校漢文科老師。童年歲月，王受祿從父學習，建立了基礎漢學的根底。

醫校翹楚　主治外科

王受祿小學畢業後，北上投考當時台灣的最高學府——台灣總督府醫學校。它是培養台籍醫師的教育機構，依現在的學制而言，醫學校似乎與中等學校或職業學校相若，但實質上，它卻有大學或專門學校的師資設備和學習風氣，能通過嚴格考試進入此校的學生，無不以「台灣秀才」自任。

一九一二年，也就是中華民國建國的那一年，二十歲的王受祿以第一名畢業於台灣總督府醫學校，成爲該校第十一屆畢業生。

返鄉後，王受祿奉職於有「山病院」之稱的台南醫院，擔任「醫官補」（今委任級醫官），服務於外科。他雖然離開了「政治中心」的台北，但仍與醫學校的學弟保持連繫，支持他們從事民族運動。

一九一七年，王受祿決定放棄

王受祿是台灣總督府醫學校第十一屆畢業生，在民族運動的陣營中，他是蔣渭水、韓石泉、賴和等人的學長。這張畢業照留影於一九一二年，也就是中華民國建國的那年。

五年的「公務醫師」生涯，自行創業。他和晚其三屆的學弟，也就是蔣渭水的同學黃國棟在台南市白金町合營回生醫院，黃國棟主治內科，他則主持外科，後又加入王生甫；回生醫院在三位醫師合作下，求診者甚眾，仁心仁術，倍受稱譽。

遠赴德國　求取博士

一九二一年十月十七日，「以助長台灣文化發達為目的」的台灣文化協會在台北市舉行成立大會，王受祿和台南市名醫如韓石泉、黃金火都是重要分

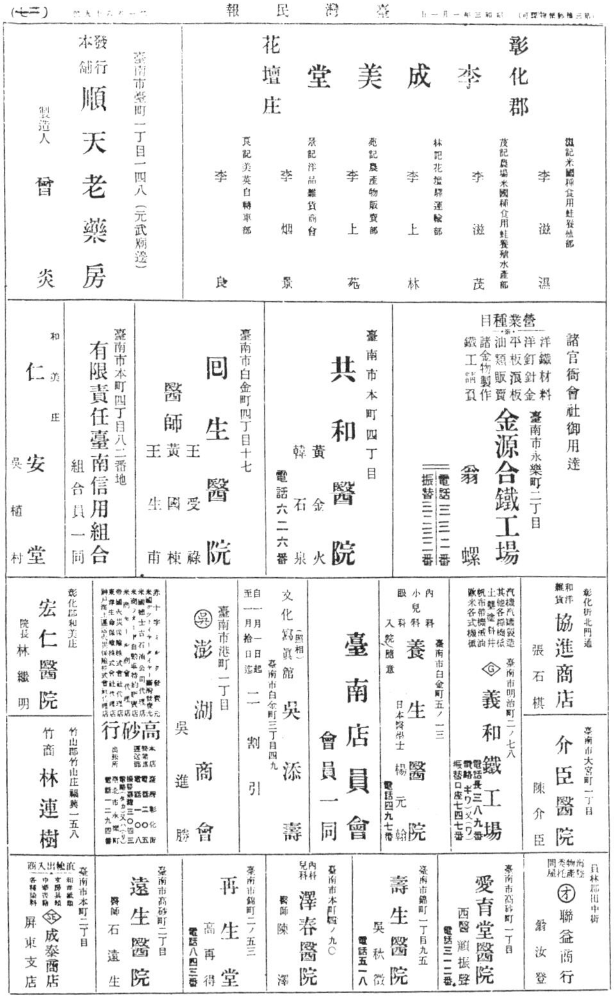

臺灣民報　昭和三年一月一日

彰化郡　李成美堂　花壇庄
李滋溫　滋記米國種食用蛙發植部
李滋茂　茂記農場米國種食用蛙養殖水產部
李上林　林記花壇驛運輸部
李上苑　苑記農產物販賣部
李烟景　景記洋品雜貨商會
李良　良記美英自轉車部

臺南市壽町一丁目一四八（元武廟邊）
發行本舖　順天老藥房
製造人　曾炎

諸官衙會社御用達
營業種目
洋鐵材料　洋釘針金　平板浪板　油類販賣　諸金物製作　鐵工請負
臺南市永樂町二丁目
金源合鐵工場
翁螺
電話三三二番
振替三三三二番

臺南市本町四丁目
共和醫院
黃金火
韓石泉
電話六二六番

臺南市白金町四丁目十七
回生醫院
醫師
王受祿
黃國棟
王生甫

臺南市本町四丁目八二番地
有限責任臺南信用組合
組合員一同

和美庄
仁安堂
吳植村

彰化街北門通
和洋雜貨
協進商店
張石棋

臺南市明治町二ノ七八
Ⓖ義和鐵工場

臺南市白金町五ノ一三
內科　小兒科　眼科　入院隨意
養生醫院
日本醫學士　楊元翰
電話四九七番

臺南店員會
會員一同

臺南市白金町三丁目四九
（照相）文化寫眞館　吳添壽
自一月一日起至一月拾日迄　二割引

臺南市港町一丁目
㊇澎湖商會
吳進勝

行砂高

彰化郡和美庄
宏仁醫院
院長　林纖明

竹山郡竹山庄翁興一五八
竹商　林連樹

臺南市大宮町一丁目
介臣醫院
陳介臣

員林郡田中街
㋔聯益商行
翁汝登

臺南市高砂町一丁目
愛育堂醫院
西醫　顏振聲
電話三一二番

臺南市錦町一丁目九五
壽生醫院
吳秋微
電話五一八

臺南市本町四ノ九〇
內科　兒科
澤春醫院
醫師　陳澤

臺南市錦町二ノ五三
再生堂
高再得
電話八四三番

臺南市高砂町二丁目
遠生醫院
醫師　石遠生

臺南市本町二丁目
成泰商店
屏東支店

王受祿和黃國棟、王生甫在台南市共同經營「回生醫院」，他的醫術、醫德贏得府城鄉親不少的讚賞；此為《台灣民報》在一九二八年所刊登的廣告。

子。他們啓迪民智、喚醒民眾，從不落人後，成了非武裝抗日民族運動的中堅幹部。

從事診療工作十餘年，王受祿深感有進修必要。日治時代，醫學教育以「德（德國）」爲師。他在醫學校時，德語成績十分優秀，而且從醫學報導中知道日耳曼醫學在世界上享有很高的榮譽，決定千里迢迢赴德意志求學。

一九二四年三月，王受祿負笈到地球的另一面，來到了離德意志首都柏林

大正十四年五月一日　臺灣民報　第三卷第拾參號

非賴吾儕協力不可」。次林糊君報告創立經過、並謂「目下經營之事業即（一）在支部內設置讀報社、（二）設文化講座、每週金曜夜講演、（三）設揭示場以揭載內外之重大事件、俾民衆速周悉、（四）囑託同志之醫師、對貧者無料診療、（五）獎勵羅馬字之普及、吾儕願具此決心以効微力、請諸位毋吝相援」。繼林獻堂總理講話、謂「（一）會員對諸事當公開、庶互有責任之考究、（二）要相尊重意見、不可蔑視他人之發議、（三）議事務要捨小異而就大同、（四）宜協同一致、（五）不可盲從而無主張、守此五項之精神以謀協會之發展則易成功焉」。次甘得中氏述祝辭、謂「諸位當知臺灣文化得發達至今日之程度者、蓋係全由先覺者之努力所賜也、敢望諸位更加倍努力」。其後黃金火氏起演說、就甘氏之言、再加評論、謂「我臺之先覺者有二種、一種是無責任之先覺者、一種是有責任之先覺者、如家庭內之小兒、每上午四點起便覺醒向人討物吃、至其慾望滿足之時、便再睡去、彼固不知父母兄弟之憂苦也、故今稱爲社會之先覺者、其中亦有與此同模樣、徒擾人而已、無絲毫之責任、即無責任之先覺者矣、故吾儕所希望者在於有責任之先覺者、而務去此無責任之先覺者也、蓋有責任則能替衆人分憂、指導民衆對社會庶有稗益、吾儕宜當循正義人道向光明途上勇進努力焉。」江萬里氏踵起演說謂欲力圖差別待遇之撤廢、對於自己缺點亦當儆省、張清華氏起表祝意、謂「協會之主旨正大、及諸位犧牲之精神久爲社會所公認、會員雖不過千名、予想精神上之加入者必甚多、故望更以精神上之結合」。林糊氏讀各處祝電、蕭玉衡氏述閉會辭致謝、至散會時已下午四時許矣。

臺人得德國醫學博士之學位

臺南王受祿氏、自明治四十五年畢業於醫學校、五年間奉職臺南醫院、擔任外科、學術經驗皆超群出衆、尤精於德國語學、自在學校時已有秀才之稱譽、而畢業以來、更用心研究、其後自己開業、備受世人之尊敬、然而王氏不以是自滿足、更欲研學術之深奧、故於昨年春即赴德國之扶來母堡（往伯林搭火車須費一日）潛心研究醫學、爲學者所器重、其提出論文係得力於外科結核之研究、爲他人所論究未完備者、而王氏獨具頴秀之才、加以勤勉助之、竟至於大成、距今春不過一年、而得赴博士之考試、且一試登得博士之學位、不獨王氏一個人之光榮、而亦我臺灣全體之名譽也、於四月十一日歸臺、有多數之親友出迎、握手快談、我臺人赴外國留學而得學位之榮譽者蓋以王氏爲嚆矢焉。

各地講演之盛況

員林人士、乘文化協會支部發會式之機會、遂於同夜開講演會、由下午七時半起、在員樂齋講演聽者多至七百餘名、辯士爲陳虛谷葉榮鐘江萬里洪元煌四氏、其所講皆有稗益於民衆、惜臨監之警官未諳臺語、信某通譯之言、致陳葉江三氏受中止、如陳氏之教育問題、屬穩健無可非議、葉江二氏亦無何等之激烈、言未畢而被中止、故聽衆不勝怪臨監警官處置之不當云。斗六街於五日六日兩日間、繼續開講演會、有當地高石海郭熊林庚宿詹本諸氏出爲提倡、一時聽衆集至二千餘名、會場無立錐之餘地、第一日講演會爲江萬里氏連太空氏林芷湘氏楊肇嘉氏郭覺之氏、都甚熱心講演、務期啓發民智、當夜被命中止者爲連郭二氏、第二日講演者連氏（勞働與剩餘價値）郭氏（經濟思想一考察）楊氏（農村振興策）林氏（刑法常識）俱孳々不倦、揮其雄辯奈臨監警官對四氏皆呼中止、如四氏之演說、毫無不當之癈、乃有過酷之處置、聽衆多含不平、故講演者直詢於郡之警察課長、斥其處置之不當、如楊氏講至對農家須獎勵副業、遂被命中止、林氏續前夜之刑法大要、正講至刑法之瀆職罪職權濫用、以条文說明之、又引憲法第二十九條言臣民於法律範圍內有言論著作印行集會及結社之自由、語至此亦被命中止、不知警官之抱何見解、而爲中止之取締乎課長答以待査明再覆、此二夜之講演、民衆之熱心傾聽、尤爲難得云。彰化街於十一夜開定期講演於彰化戲園、聽衆多至千餘名、林獻堂氏講甚麼是文化、楊肇嘉氏講自我的解放、陳虛谷氏講專制政治與立憲政治的區別、李應章氏講二林農民運動的經過、郭覺之氏講社會醫、賴和氏講信仰、講演者深見熱辯、而聽者至夜深閉會猶不忍分散云。於十二日下午八時起、草屯開講演會、同地炎蜂青年會主催、地方有志後援、林野氏述開會辭、次吳沛然氏講「爲生而食乎、爲食而生乎」陳虛谷氏講「立憲政治」俱皆滔々而論、惜被警官命中止、繼葉榮鐘氏講「農村之使命」楊肇嘉氏講「東亞平和與臺灣人的使命」最後洪元煌氏述閉會辭、於盛會裡散會。

閑話。。

王商學士金海氏遣番入安田銀行、與石錫勳氏租家於府下下戶塚源兵衛一九一番地、腰辨日參丸之內、丸之內東都美人之名所、每日看美形聽嬌聲、歸來似乎有鬱悶之情、一日余訪氏於新宅曰「雖有輪奐之美、勝景之望、缺一美爲恨」他曰「同感、你肯爲我求美乎」余曰諾、在臺新進美人諸姊、有志者快々舉手舉手、哈々！

（5）

一九二五年，王受祿獲得德國醫學博士學位，此來自「日本以外」國家所頒授的榮譽，令台灣人興奮不已。一九二五年五月一日的《台灣民報》報導：「不獨王氏一個人之光榮，而亦我台灣全體之名譽也。」

約一日火車車程的弗萊堡市布萊高鎮的魯茲大學。他僅用了一年的時間，提出〈外科臨床解剖判斷肺結核診治方法〉論文，經審查通過之後，由校長伊敏斯、系主任尼格拉特以「依據其優秀畢業考試成績與所提出論文合格」，在一九二五年二月六日授與魯茲大學醫學博士學位。王受祿以三十三歲的英年，成為第一位獲得德國醫學博士殊榮的台灣人，也是台灣榮獲歐洲地區博士學位的第一人。

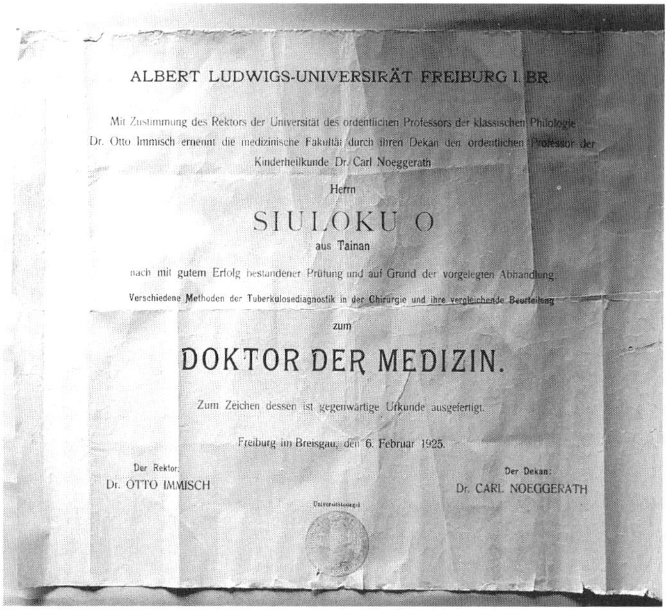
ALBERT LUDWIGS-UNIVERSIRÄT FREIBURG I. BR.

Mit Zustimmung des Rektors der Universität des ordentlichen Professors der klassischen Philologie Dr. Otto Immisch ernennt die medizinische Fakultät durch ihren Dekan den ordentlichen Professor der Kinderheilkunde Dr. Carl Noeggerath

Herrn

SIULOKU O

aus Tainan

nach mit gutem Erfolg bestandener Prüfung und auf Grund der vorgelegten Abhandlung

Verschiedene Methoden der Tuberkulosediagnostik in der Chirurgie und ihre vergleichende Beurteilung

zum

DOKTOR DER MEDIZIN.

Zum Zeichen dessen ist gegenwärtige Urkunde ausgefertigt.

Freiburg im Breisgau, den 6. Februar 1925.

Der Rektor: Dr. OTTO IMMISCH

Der Dekan: Dr. CARL NOEGGERATH

王受祿的〈外科臨床解剖判斷肺結核診治方法〉獲德國弗萊堡市魯茲大學博士學位，此為他的博士證書。

一九二五年四月十一日，王受祿學成返台。五月一日發刊的《台灣民報》第二卷第十三號有如此報導：「我台人赴外國留學而得學位之榮耀者，蓋以王氏為嚆矢焉。」

一九二一年，杜聰明獲得日本京都帝國大學醫學博士學位，成了「開台第一位博士」，轟動全台，博士學位成了莘莘學子的最高榮譽。由於時、空等因素，當時的台灣學子以赴日本、中國深造居多，能往西半球留學，簡直難以想像；不僅語言、生活習慣格格不入，而且籌措生活費用也很困難。但是，王受祿突破了重重困難，遠赴重洋，以日本國台灣人的身分獲得德國醫學博士學

位，成爲「開台第一位德國醫學博士」、「開台第一位歐洲博士」，誠非易事。

抨擊同化　功長文化

從歐洲學成返鄉的王受祿，不僅繼續醫務，也更積極投效民族運動，畢竟西方的民主社會令他印象深刻。

一九二五年六月，王受祿被安排在台灣文化協會讀報社演講〈希望台人之自覺〉。八月，他以留德醫學博士身分，受邀到台灣文化協會舉辦的第二次「夏季學校」演講，受到熱烈歡迎。夏季學校是台灣文化協會於一九二三年十月十七日在台南市召開第三次大會時，決議利用暑期開辦講座。無疑的，此舉是以行動抗議台灣總督府的殖民教育政策。

日本統治階級所推行的愚民教育和奴化教育，令台灣人痛心疾首；而且又不准台灣人創設學校，因此夏季學校可以說是一種象徵性的民族教育。夏季學校設於霧峰林家萊園，自一九二四年起共舉辦了三次，後來因文協分裂而停辦。講座所聘講師皆爲一時之選，安排的課程計有：連雅堂〈台灣通史〉、林茂生〈哲學、西洋文明史〉、陳炘〈經濟〉、蔡式穀〈憲法大意〉、蔡培火〈科學概論、人生我觀〉、林幼春〈中國古代文明史、中國學術概論〉、陳逢源〈經濟思想史〉、陳紹馨〈星宿講話〉等等。

王受祿榮獲博士學位返台不久，適逢第二次夏季學校開辦，他應邀以〈外國事情〉做課外演講。從其講詞中，可以了解他的語重心長：

「……對於被統治者的幸福是什麼？心的自由為第一。外觀雖然和平，若沒有心的自由，而受束縛，則該殖民地的民眾就不能說是幸福了。……台灣人負有三重的負擔，即漢文、台灣語、日本語，因此文化的進步非常緩慢。因職業上的關係，非使用日本語不可者，固屬別論，其他的人似無研究日語的必要。

亞爾薩斯與格林位於德國邊境，原為法國領土，經法德戰爭而割讓德國，

臺灣總督府醫學校第拾壹回卒業紀念撮影

王受祿以第一名畢業於台灣總督府醫學校第十一屆；十二年後，他隻身赴歐洲深造，並獲得博士學位。難能可貴的是，他返台後積極投入抗日民族運動。

第一次世界大戰的結束，復歸法國領有。在德國統治時代，該兩州的民眾不喜歡使用德語，而常用法語。但德國對其新領土強烈使用德語，因此兩州文化遲遲不進。對於這一點，我們台灣人似應加以深切的考慮，我們需要把『台灣是世界的台灣』的念頭置在腦裡才好。」

回生醫院的這位德國博士，初回台灣的第一年，即被捲入了抗日民族運動的狂流。十月，他再膺任台灣

● 台灣文化協會的同志在一九二〇年代留下了這一張可貴的照片。最右站著的是王受祿，前排坐者右起為蔡培火、王敏川、黃呈聰。留影還有陳逢源（前排左一）、黃朝琴（第二排左三）和韓石泉（第三排最左）。

文化協會理事。十一月二十一日，在「台南政談演說會」，與台南市有志者黃金火、韓石泉、陳逢源鼓吹台灣議會設置請願運動，向殖民政府爭取台灣人的民主自治權利。

一九二六年八月，「台南文化劇團」成立，王受祿與黃金火、韓石泉三位醫師脫下白袍，犧牲看診時間，參加排演，與林占鰲、莊松林、盧丙丁、梁加升等人，投效戲劇運動，對於文化啓蒙運動助益不少。

獻身政治　支援工運

「非先團結自己的民族，要求平等的待遇，脫離外民族的壓迫欺侮不可；台灣人應跑的路，是在民族運動的一條路而已。」王受祿在以〈台灣社會問題改造觀〉爲題的演講中，曾有如此斬釘截鐵的政治主張，而他在忙碌的醫務中，不惜爲民族運動犧牲奉獻，也因有此不移的信念。

王受祿的演講，言必有中，極受民眾歡迎，曾啓發了雜貨商張行與農民楊順利，在一九二六年六月十四日組成「曾文農民組合」，爭取農民權益，與明治製糖會社抗爭。

一九二七年元月，台灣文化協會內訌，連溫卿領導四十餘名無產青年奪權，造成文協分裂。舊文協的台南市幹部由王受祿、韓石泉、吳海水等領銜向新文協的中央委員會致送聯名退會函，以及脫離聲明書。聲明書有言：「我等深信同胞之勁敵，實係專制政府壓迫階級、御用劣紳與走狗。而今新文化協會一派高唱階級鬥爭，否認人道，所行莫非破壞從來之事實，而反對吾人之主張，鼓勵同胞相殘，使漁夫得利，於此彼等若不痛悔前非，我等斷難再與共事，是故脫離文協一切關係，使彼等肆行其志，我等亦行我等所是。」

一九二七年五月二十九日，王受祿參加台灣民眾黨創黨，但五天後，台灣總督府認爲它是民族主義團體而被查禁。然而，他們仍秉持「台灣政治改革上……非再組織新結社不可，乃係當然的歸結」，於七月十日再於台中市成立台灣民眾黨。九月十六日，第一屆臨時中央委員會推舉王受祿爲台南地區中央委員，並膺任十四名中央常務委員之一，與蔣渭水等人兼管該黨財政部。

一九二七年八月七日，台灣民眾黨台南支部成立，與南投支部是最早成立的地方黨部。王受祿被推舉擔任主幹（負責人），他於先前的碓商會上即明確表示：「台灣民眾黨的出現，是時勢的要求，和我們同胞奮鬥使然的。」

台灣民眾黨台南支部在王受祿領導下，展開了具體行動。八月底，以「敬告全市同胞」向台南市市民發出了傳單：

善政救民主，惡政奪人命；
政治著改善，奮鬥愛向前。

王受祿努力整合反日的外圍組織，例如安平讀書會、台南文化劇團、台灣工友總聯盟、台南區各工友會、店員組織等，以及赤崁勞動青年會等，形成同一陣線，也因之他主持的回生醫院成了政治運動的集會中心，宛如台北蔣渭水的大安醫院。王受祿還經常丟下醫務，站台做政談講演，講題有〈須撤廢內（日）台人差別政策〉〈差別撤廢與台灣議會〉〈假自治制改革期到了〉等等。

統治當局迫於形勢，下令在州市街庄設指派式的協議會，敷衍台灣人對基本自治權的要求。王受祿不僅以〈假裝地方日治制度改革〉爲題做嚴厲的批判，更策動台南支部在一九二八年三月舉辦一場「改革僞自治制之改談大講演

會」，揭露統治當局的做法。他並連同蔣渭水、彭華英、謝春木、韓石泉，代表台灣民眾黨向台灣總督上山滿之進提出一份〈地方自治改革意見書〉，要求普選州市街庄之首長和各級議會。

一九二六年底，日本大正天皇病逝，台南州爲紀念昭和登基大典，擬開闢大運動場於大南門外墓地，強迫民眾限期遷出祖墳。此匆促命令，使市民對先人葬身之處無從保存，大爲不滿。王受祿領導台灣民眾黨台南支部發動各姓氏宗親會抗爭，召開市民大會表示強烈反對，經數年努力，終於迫使台南州在一九三一年同意讓步。

台灣工友總聯盟台南區會員以勞工收入微薄，醫療費用不勝負荷，希望能獲得醫師優惠待遇。王受祿接受工友會託付，不僅回生醫院看病減價，也親洽共和醫院（黃金火、韓石泉）、遠生醫院（石遠生）、再生堂醫院（高再得、侯全成）、壽生醫院（吳秋薇）加入照顧勞動階級的行列。府城的台灣醫師在他的動員下，做出了可貴的關懷弱勢者的積極行動。

王受祿也支援勞工抗爭運動。一九二八年四月十五日，台南州安平的台灣製鹽會社以「日本國內經濟短縮，會社受到不景氣的影響」爲由，辭退了十八位工人，並無理的沒收個人繳交的保證金。勞工會會長陳天順組織爭議團向資方抗爭，事態愈演愈烈，終於導致台灣製鹽會社的股價大幅下跌，每股由二十圓跌至四圓。會社惡人先告狀，向警察署控告陳天順犯恐嚇罪；日本警察未經調查，拘捕了陳天順。此事引起台灣民眾黨台南支部的高度關切，王受祿與韓石泉連袂到台南州廳找石井警務部長，希望立刻放人出獄。王受祿與石井的談話內容曾被載刊於《台灣民報》上，摘錄如下：

王受祿：這次台南警察署派出警員駐在製鹽會社，妨害工人的出入，好像是監禁的狀態，如此做法，明顯地是警察袒護會社，做其幫兇勾當，只妨害罷工團體的活動，豈不被社會人士有所誤解？

石井：受到一般人的誤會，也是沒有法子，必要時，派出警察戒備，難道有什麼不妥嗎？

王受祿：警察在執行職務上使人誤會，雖是屬不得已的舉動，但是需要明顯地表明態度，確有必要時才得派員駐守啊！

石井：當然是有迫切的需要，才會派出警察。

王受祿：到底那一天，使你們認為是必要的行動呢？

石井：新募集的工人，恐怕會同爭議團的人員打架。

王受祿：雙方到現在有沒有打架的事實？

石井：如此做法是防患未然。

王受祿：在發生勞資爭議的時候，派警察駐守會社，這樣做法難道有必要嗎？

王受祿（第二排左二）以「白領階級」身分，積極支援工運。一九二八年年底的這張紀念照是為歡迎四位被日本當局迫害坐牢的四位勞工朋友出獄而留影。

石井：你們是不是干涉我們的做法不對？他們雙方的爭議干你們何事？

王受祿：我們民眾黨是政治結社的組織，對台灣政治的好壞當然有干預矯正的義務。對於警察行政不公平，公然袒護會社，壓迫職工，這個問題請詳細說明警察的態度和理由，誠意來溝通，好不好？

石井部長顯然在王受祿的義正辭嚴下，惱羞成怒了。

王受祿和韓石泉支援勞工運動不遺餘力。後來高雄發生「淺野水泥會社事件」，被迫害入獄的工運分子的家族生活費，大都是由他們兩位醫師捐助。

台灣民眾黨第二次黨員大會於台南市南座劇場召開，王受祿擔任大會議長，主持會議。其旁即為副議長韓石泉。

一九二八年七月十五日，台灣民眾黨於台南市南座劇場召開第二次黨員大會，王受祿和韓石泉膺任大會正、副議長。人事改組後，王受祿被選爲政治委員，同時辭卸台南支部主幹職務，由韓石泉繼任。

撤廢差別　爭取民治

台灣議會設置請願運動一向由台灣文化協會支持，文協分裂後，繼續由台灣民眾黨推動。一九二七年年底，「台灣議會政談講演會」在台南市舉行，王受祿會同同志向民眾發表演說，強調台灣議會設置期成運動旨在爭取台灣人參政權，當天的講題如下：

盧丙丁：無視民意的總督政治與台灣議會
韓石泉：治台政策與台灣議會
王受祿：差別撤廢與台灣議會
蔡培火：日本將來與台灣議會

台灣近代抗日民族運動不採行暴力主義，早期是屬於有產者所領導的革命運動，誠如葉榮鐘所說：「資金問題是支配一切的關鍵。」林獻堂能得重望，出力之外，出錢大方也是一大因素。但是龐大的政治運動經費，決不是少數幾位像林獻堂、楊肇嘉等大地主慷慨解囊所能解決的。因此捐款人中，醫師也是一大助力，王受祿和其他三位台南市的開業醫師韓石泉、高再得、吳秋薇，都是重要人物。

王受祿出錢之外，在出力方面更有義不容辭的豪氣。在大家徵召下，他隨時可以拋開繁忙的醫務，也就是賺錢的機會，爲台灣議會設置運動打拚奔波。

一九二六年元月，台灣議會請願團赴日前，王受祿在壯行宴上即席發表演說；「田裡的稻子，園裡的甘蔗，也將在路上歡送君等」，王受祿的送行話語，充滿感性。不久，他自己也成了「田裡的稻子，園裡的甘蔗」所歡送的對象。

一九二七年，台灣議會設置運動進行第九次請願，南部地方的籌備工作在王受祿家中舉行。王受祿與蔡培火、蔡式穀被推爲請願委員，但翌年四月四日決定赴日時，王受祿因家務纏身，不克成行，辭去委員職務。此次請願運動亦因受東京左派留學生阻撓，聲勢減弱不少。

一九二八年十一月，在蔡培火主持下，決定進行第十次議會請願活動，王受祿仍膺選爲本期請願委員的南部代表，北部則爲王鐘麟，中部爲呂靈石；隨即展開簽署作業。

蔡培火推行「台灣白話字研究會」，王受祿也參加推廣活動。一九二九年四月第一回研究會留下此張可貴紀念照。第三排右起第八人即為王受祿，其右則為蔡培火。

一九二九年二月三日，王受祿在台南市參加台灣民眾黨台南支部的餞別會，次日，與王鐘麟、呂靈石出席中部歡送會。林獻堂以「我們的目的不是一朝一夕可以達成的，必須覺悟到子子孫孫繼續運動到底……所以我們非以不屈不撓的精神，為喚起一般國民輿論來努力不可」這番話相勉。

王受祿也即席致詞說：「我們台灣人係有數千年歷史的漢民族，且有輝煌的文化，所以我們雖然受一時性壓迫而居屈辱的地位，但這絕不是我們所甘受的。

「台灣民族比較大和民族不但毫無遜色，徵之歷史事實，固是優秀的民族。然而台灣總督府對具有高度文化的我們民族，妄想使其同化於大和民族，這恰如火與油，絕對不可能之事。所以政府當助長發展我們的固有文化，若徒執同化政策，對我們加以壓迫，實屬有弊無利。

「我們絕對不為壓迫屈服，壓迫愈強，我們的抵抗愈烈，沒有達成最後的目的，絕不放棄。我們更應當覺悟，發揮大勇精神，為貫徹我們的目的而奮鬥！」

王受祿抨擊殖民政府在台厲行「同化政策」的不當，並明白表示日本人「非我族類」的講詞，並不是因爲他曾留學德國，受日耳曼人種族優越感所影響，而是因爲他堅持民主、自由和堅守民族陣容。

請願委員一行三人於元月六日搭車北上基隆，民眾群聚車站熱烈歡迎。而後，擁赴平民俱樂部，接受餞別茶會。結束之前，大家齊聲歡呼「台灣議會萬歲！」三人才在眾人送別下，銜著台灣民眾的期望，到碼頭搭船航往日本。

十八日，王受祿等人將林獻堂等共一千九百三十二人簽署的設置台灣議會請願書，由日本貴族院議員渡邊暢、眾議院議員神田正雄、土井權太介紹，將請願案提出於日本帝國議會貴、眾兩院。

台灣議會設置的議案，在日本帝國議會的委員會激起大議論。在野的民政黨和其他少數黨派表示支持，但是日本政府和執政黨堅決反對，認爲「台灣議會如係代替帝國議會性質，則違反帝國憲法，如與日本內地各府縣相同，則國家預算與地方經費的審查權限不清」，所以仍然依循前例，以「審議未了」被存查。

台灣民衆黨台南支部在一場歡迎會上和日本同情台灣民族運動的開明派人士神田正雄合影，第二排居中打蝴蝶結的二人其左即為王受祿博士。

一九二九年二月二十八日，王受祿先行返台。他在三月一日南下的快車上接受《台灣民報》記者的訪問，談及「上京」請願的感想。這段訪問稿刊載於一九二九年三月十日《台灣民報》二百五十一期：

記者：這回身為請願委員上京，對官憲的取締有什麼感想？

王氏：台灣議會設置請願是一種合法的運動（註：以下八行文字被塗抹不准刊行，必係敏感文字，檢查時不獲通過，因此開了「天窗」），明知是合法合理的請願，而迄今亦已繼續十回，亦依然毫無理解，實是頑固極了。

記者：那麼在那邊（按：指日本）的人士，對台灣議會的意見怎樣？

王氏：在我們所會見的人士，無論是言論界或政界的人，不但沒有異議，都極其表示贊成，甚至反而激勵鼓舞我們要加倍熱心，繼續努力，如某氏說：「希望你們的熱心不可為數回的請願，就此絕望。在你們繼續之中，世界的時勢亦會變遷，就是國內（按：指日本）的政局亦將轉換，所以你們所寄望的目的，早晚總會成功的。」這樣的親切慰問、勉勵的人實在不少，所以可見在內地（日本）的人士中，同情於本請願的，已日多一日，年多一年了。

王受祿也在訪問中道出他對將來台灣議會期成運動的期望，他說：「總而言之，現在的運動缺乏組織，而努力也不很足，所以此後要有專任的人住（駐）在中央（指：日本東京），與各界人士時常接洽連繫，而在台灣則要再徹底的組織活動才是。」不過，王受祿對此行無法提供充分資料給爲台灣民主政治仗義執言的日本友人，表示遺憾。日本眾議院代議士阪東曾屢次對台灣的言論遭受不正當壓迫，向日本政府提出質詢。阪東曾據《台灣民報》經常在檢查中被強迫「開天窗」（挖版留白）或被塗抹部分文字，抨擊當局違背言論自由，並爲台灣人爭取辦報的權利。台灣總務長官卻向阪東答辯說：「最近才准許了一份以台灣人本位的純漢文新聞《昭和新報》的發行，怎能說不許可台灣人有言論機關呢？」其實《昭和新報》是一份比御用報紙還會歌功頌德、唯命是從的新聞媒體，出資人是一些御用紳士，而阪東竟然毫無所知，認爲台灣當局已採行開放言論政策，難怪王受祿以大家提供資料的努力不足爲憾事，否則阪東豈有被台灣總務長官唬住的道理。

信仰基督　淡出政治

一九二九年夏，王受祿長子遽逝，喪子之痛嚴重打擊他的精神，此後他從《聖經》中獲得眞理，開始信仰基督教。

一九三〇年，「台南公會堂」於二月十日、十一日連續兩天晚上舉行盛大集會。第一天是慶祝林茂生榮獲美國哥倫比亞大學哲學博士的歸台歡迎會，第二天則是王受祿的信仰告白式，他以〈我的信仰體驗談〉爲題發表演說，報告信奉基督的心路歷程。這一次見證的演說有別於以往的政治演講，也正是他人生的重要轉折。他表示不再從事營業性執業，「願將其殘生與醫術貢獻於社會，以榮光所信之上帝。」當年他才三十八歲。

一九三〇年二月，王受祿的好友韓石泉醫師的長子也不幸夭折。兩人同因喪子之痛，打擊甚深，除了將愛子埋葬鄰側，希望互有「玩伴」，不會孤單外，還計畫把「親子之愛」擴展爲「對鄰人的愛」。

他們計畫成立「新生堂財團」，推動「推己及人」的理念，惟衡度非有三、四萬日幣做爲基金，否則難以成事，而自有儲蓄實在沒有餘力，於是找蔡

培火商議，請他代爲籌措。兩袖清風的蔡培火對此公益事業頗爲贊同，答應助一臂之力，幫忙尋找財源。

蔡培火決定以林獻堂爲「金主」，求他玉成此事。他向林老報告此事緣由經過，表示這是奉行基督博愛精神的一種表現。蔡培火也是虔誠基督徒，能言善道，說得不是基督徒的林獻堂，乍聞之下，半信半疑，不過還是很興奮地說：「基督教信仰，竟有如此之實踐力嗎？」隨即承

● 非武裝抗日民族運動的台南「鐵三角」：一九三〇年八月，蔡培火（右）、王受祿（中）、韓石泉（左）擬組織新生堂財團時合影。

諾願意在部分財力上設法協助。

一九三〇年三月九日，蔡培火、王受祿、韓石泉三人決定「一起同行」，他們向主祈禱後，共同簽訂了創立新生堂財團實踐盟約，議定了約章六條：

新生堂財團約章

一、本財團名謂「新生堂財團」，以實現救主耶穌之鴻愛，光耀上主天父之聖名為目的。

二、本財團以躬行前例目的之基督徒組織之；欲新加入者，須得全團員之同意方可。

三、本財團之事業及一切議事，須得全團員三分之二同意，方可進行。

四、本財團之事業及其純益金之用途如左：

1. 經營醫院。
2. 宣傳聖教。
3. 普及教育。
4. 援助政治及社會運動。

純益金之十分之四充為宣教費。

純益金之十分之二充為醫院擴張費。

純益金之十分之二充為社會教育費。

純益金之十分之二充為政治及社會運動之援助。

五、本財團團員須尊重多數之意見，不得有利己行為，違背者以團員四分之三之決議，剝奪其一切權利，逐出團外。

六、本財團團員可以以其遺囑推薦他人代行其對本財團之權利義務。

新生堂財團正擬展開籌備工作，蔡培火卻在十天之後（十九日），因爲《台灣民報》派他常駐東京，爭取日刊新聞發行權而攜眷離台，導致連繫困難。

前往日本的蔡培火，未加忘懷新生堂財團的基金募集，曾異想天開希望能向東京的基督朋友勸募，不過希望落空。而當時允諾協助的林獻堂正處資金調度不靈的困境，無法履行承諾，其他同志也都是阮囊羞澀，無能在財務上有所奧援。

一九三一年九月二十一日，蔡培火返回台灣述職。他百感交集的向王受祿、韓石泉兩人說明新生堂財團的基金籌措無門，恐無著落的消息，最後三人決定取消設立計畫。

新生堂財團壯志未酬，然而王受祿傳佈福音的心更爲加強，他將自宅規劃成禮拜堂，全家自其父母全部信奉基督。

同年，台灣民眾黨被明令解散；八月五日，「黨的領導人」蔣渭水不幸病逝，而年前成立的台灣地方自治聯盟，其運作並非王受祿所能認同。他決定淡出政治，更積極走向宗教，不無原因。

戰後，國民政府統治下的數場政治風暴，更令他心思靜止。

不計名利　仁風碩德

一九七七年九月九日，王受祿以八十五高齡蒙主寵召，他雖然在後半生置名、利於度外，但也算集福、壽於一身。在台南府城，他是一位口碑一致的良醫。

王受祿身爲名醫，早年投效民族運動，以不卑不亢的態度和強權抗爭；中年後，急流湧退，所做事功以宣揚福音爲己任，一生一世，全不以自己爲本位，仁風碩德，自成風範。

王受祿年表

1893	01歲	一月十七日出生於府城台南。
1895	03歲	台灣淪日，成爲日本殖民地。
1912	20歲	第十一屆台灣總督府醫學校畢業，擔任台南醫院醫官補。
1917	25歲	和黃國棟在台南合營回生醫院，他主持外科，黃負責內科。
1921	29歲	台灣文化協會成立，入會成中堅幹部。
1924	32歲	赴德國魯茲大學留學。

1925	33歲	獲魯茲大學醫學博士學位，是第一位得到德國博士學位的台灣人。於台灣文化協會讀報社演講〈希望台人之自覺〉。於「夏季學校」演講〈外國事情〉。
1926	34歲	台南文化劇團成立，參加演出。
1927	35歲	因台灣文化協會被無產青年占奪，宣告退出。加入台灣民眾黨，膺任中央委員兼台南支部主幹。
1928	36歲	支援勞工運動。擔任台灣民眾黨在台南市舉行第二回黨員大會正議長。卸台南支部主幹，改任政治委員。
1929	37歲	以台灣議會請願運動第十次請願團南部代表身分赴日本請願。長子逝世，因而信奉基督教。
1930	38歲	與韓石泉、蔡培火創立「新生堂財團」，惟因基金募集困難而取消計畫。
1945	53歲	雖成爲中華民國「國民」，仍沿襲日治時代末期的決定，不再參與政治事務。
1977	85歲	九月九日蒙主寵召。

台灣內科醫療先驅
韓石泉

（1897～1963）

【語錄】

●「尤期望於後代者，不在其蓄積財富，不在其享受厚祿，僅望其能在學術、靈性、道德上，有相當高尚之成就，藉以貢獻人群，完成余未了心願而已。」

●「先病人之憂而憂，後病人之樂而樂；視人命為先，而不視財如命。」

●「俗語說：『緊事寬辦』，我說要『忙事靜辦』，才能避免錯誤，保持健康。」

●「第一次過失是『無知』；第二次過失是『怠慢』；第三次過失是『故意』。」

●「悟天地之生機；識盈虛之有數；覺人生之短暫；創學藝於永恆。」

【評價】

●「治療民病——不愧為一位良醫；撫慰民困——不愧為一位公僕；反抗不義——不愧為一位自由人！」——莊永明著《韓石泉傳》，台灣省文獻委員會出版

● 台南病院。一九一九年起，韓石泉曾在此醫院服務，至一九二二年始自行創業。台南病院有「山病院」之稱，建築典雅，環境清幽，是彼時台灣南部規模最大的醫院。

現代化的醫學教育在台灣生根的時間不長，但是台灣早期學習西方醫學的人所奉獻給鄉梓的血、淚、汗，不僅治療「民病」，也療慰「民瘼」。日治時代唯一公設的西醫培育教育機關——台灣總督府醫學校的畢業生，不僅是出類拔萃的社會中堅人士，而且多數在非武裝抗日民族運動中也扮演了舉足輕重的角色。

韓石泉，別號南陽，一八九七年十月二十七日出生，台南市人。八歲入台南第一公學校，由於父親韓斗華爲前清秀才，

● 韓氏家族在台南算是「望族」，一九二八年親族舉行懇親會時，「大大小小」在一起拍照。後排第四人即是韓石泉。

時於天壇經文社設塾收徒，因此韓石泉亦隨其父課讀漢學。

十四歲，小學畢業。他立志習醫，可是台灣總督府醫學校規定需年滿十六歲才具有報考資格，只得等待兩年，先進台南廳（台南市政府）擔任工友，服務於財務課地方稅組。一位日籍主管常請韓石泉抄寫稅單，見他工作勤奮，餘暇勤勉用功，乃教其日文與數學，甚至贈與物理、化學等書籍。一九一三年，韓石泉足十六歲，報名參加醫學校入學考試，順利錄取。口試官吉田坦藏曾問他爲何想做醫師，韓石泉以「大丈夫不爲良相，當爲良醫」爲答。

畢業醫校　精研內科

醫學校的學長，人才濟濟，例如志士典型的翁俊明、蔣渭水，具學者氣慨的杜聰明、賴和，都是韓石泉讚佩的對象。

三年級時，韓石泉被同學選爲學寮組長。當時學校日籍舍監勾結販賣部，禁止同學在宿舍炊食，卻壓榨學生購買價格奇貴的「福利品」，韓石泉對此甚爲不滿，發動大家「同盟罷買」，致使販賣部食品腐壞，損失不貲。舍監因利得成空，乃指責韓石泉爲流氓，與西來庵事件抗日分子余清芳是同流人物，簽報校方，要求勒令退學處分。幸虧校長堀內次雄是位開明人士，不予採信，而免去不幸後果。

一九一八年，韓石泉以優異成績畢業。他以興趣爲由，婉謝了眼科教授藤原謙造聘他充任助教的機會，而選擇到日本赤（紅）十社台灣支部醫院內科，向吉田坦藏、小島鼐二兩位當時台灣最權威的內科教授實習。翌年，韓石泉申請返鄉，入台南醫院內科服務；院方指派他擔任醫務助手。醫務助手上有醫官補、醫官、醫長，權責分明，因此僅能做抄處方、問病歷、檢病因等事，並不

擔任實際治療工作。韓石泉深爲不能發揮所學而苦惱，乃找機會向院長明石眞隆博士提出門診要求。院長很爽朗地應許，如有病人願意向他求診，則可由其療治，但是日籍同事對台灣醫師有此「權利」，嘖有煩言，日籍護士更加以杯葛，不願與他合作。然而韓石泉不屈不撓，克盡職守，終於三年後升爲醫官補，當判任官（相當於委任級醫官），是台南醫院中第一位在內科獲此殊榮的台灣人。

一九一七年，韓石泉以五年級生身分參加「赤崁鄉友會」，歡迎家鄉台南北上求學即將的畢業學長，他們即將由學府走進社會服務。

走向群衆　爭取民權

一九二二年冬，韓石泉辭卸台南醫院職務，與黃金火在台南市本町共同開設共和醫院；黃執外科，他掌內科。是時民族思潮澎湃全島，台灣人爭自由、爭平等的呼聲、要求與行動，十分熾烈。韓石泉身爲知識分子，推展抗日運動不落人後。二十五歲，他毅然加入台灣文化協會，並積極參與台灣議會期成運動，向殖民當局爭取台灣人自己的議會。他曾以〈專制政制下的台灣〉〈台灣社會改造觀〉〈解放運動的路〉〈時代錯誤與殖民政策〉〈治台政策與台灣議會〉等爲題，走向街頭，發表演講，喚醒民眾。

一九二三年十二月十六日拂曉，日本殖民當局發動大批員警，在全島大檢舉，逮捕參與台灣議會期成同盟會的「白面書生」。當時清夢方酣的韓石泉，被十餘名日警推門直入，押擁上車，送往台北監獄。當局原本計畫藉此壓制台灣議會設置的聲浪，但「書生論政有罪」的消息傳出後，引起海內外熱切關懷。台、日律師仗義執言，被告亦據理爲己辯論，使得日人有治罪無詞之窘態。這一場史稱「治警事件」的迫害行動，終於在雷聲大雨點小下收場，韓石泉無罪獲釋，其他被告也均被輕微量刑而已。但是韓石泉雖爲無罪之人，卻無自由之身，日本特務經常尾隨跟蹤，外出診療，甚至探訪未婚妻時也不例外。

「文化劇」是他所投身的台灣文化協會多元性運動中，直接訴諸民眾，教育民眾的重要活動，韓石泉也參加一九二六年八月籌組的台南文化劇團，參加演出。對於當時澎湃的工運，他也以工聯顧問的身分給與關心與資助；他也是台灣唯一言論機關——《台灣民報》的重要管理者。

創新婚禮　專科執醫

一九二六年三月三十一日，韓石泉和畢業於台南第二高等女學校的未婚妻莊綉鸞舉行別具風格的結婚典禮。兩人屏棄舊式婚禮的繁文縟節，以頗具創意的「韓莊結婚式」來昭告親友。一對新人站在禮台前，向親友來賓齊聲朗誦結

婚宣誓書：

「我們兩個人，自從大正十年（註：一九二一年）六月二十六日以來，到今日約有四年十個月，此間自由交際，經過許多的試鍊，沒有改變初衷。

今天在這神聖的場合，同意結婚，願自今天以後，各肩其責，相親相愛，至於無窮。力行夫婦最善的坦道，來建設美滿的家庭，進一步努力改革不合理的社會，盡了做人的責任，這是我們的誓約。

謹此宣布於諸位先生之前。」

自由戀愛在當年是

● 韓石泉在三十歲才結婚，在舊社會算是晚婚。新人舉行頗有創意的新式「韓莊結婚式」，儀式雖然簡單，但是場面盛大。此結婚照是百餘位前往祝賀的親友合拍的紀念照。

駭人聽聞的事，這對新人在大庭廣眾下，不隱瞞婚前的交往，可說是相當進步的觀念。難怪一九三三年《台灣新民報》副刊，還有一篇〈酉年誕生的人士〉，對韓莊結婚式予以報導。

一九二八年底，共和醫院契約期滿，黃金火頂下共和醫院舊址，照常開業。韓石泉則買下對面的「小原洋行」店舖，重新整修，於一九二九年三月十日，創立韓內科醫院，是台灣

韓石泉、莊綉鸞是自由戀愛結婚的，交往四年十個月期間，攜手遊山玩水，雖有甜蜜回憶，但是日本特務的跟蹤也破壞了不少氣氛。

韓、莊的結婚紀念照（一九二六年）。兩人於婚後五日安排了一個半月的蜜月旅行，遊覽日本的神戶、大阪、京都、鎌倉、東京、日光等地，以及中國的上海、集美、廈門。

標明專科診療的先驅。當時民眾對診療觀念模糊，僅是生病求醫，能藥到病除，減輕病痛就行了，至於找什麼科的醫師，對症下藥，則所知不多。

韓石泉仁心仁術，在鄉梓頗負重望。每天門診不下百餘人，醫務繁忙，午餐時間經常延至下午二、三點是常事，而且也有一夜數次被病人擾醒，難以安眠，但他都不以為苦。蔡培火曾說：「君（韓石泉）性忠誠勤謹，對待病人親切周到，時予貧困病家減費、免費治療，因此醫業興盛，廣得一般信用，遂成為台灣南部的名醫。」

信奉基督　攻讀博士

三十二歲那年（一九二九年）的農曆新年，長子良哲出世，想不到原本發育甚佳的嬰兒，滿周歲後不久感染肺炎，續發腦膜炎，不治夭折。身為醫師的韓

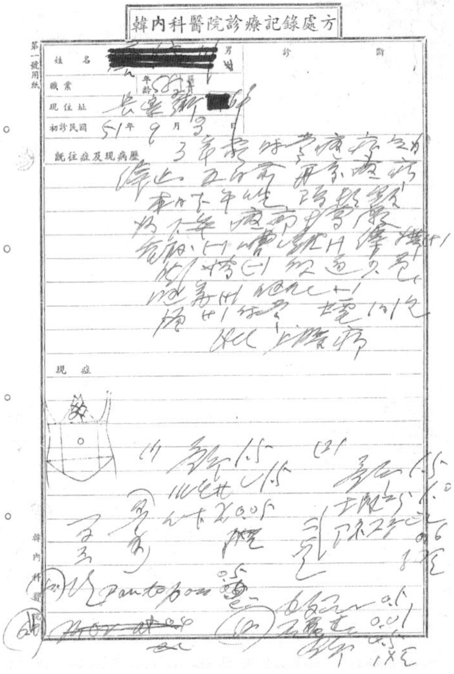

韓內科醫院診療記錄處方

姓名 [redacted]

職業

現住址

初診民國 51年 9月

既往症及現病歷

現症

韓石泉所書寫的診療記錄處方單；韓內科保有幾十萬份的病歷紀錄，這是私人診所少有的現象，可見韓內科對病家「無形」的尊重。

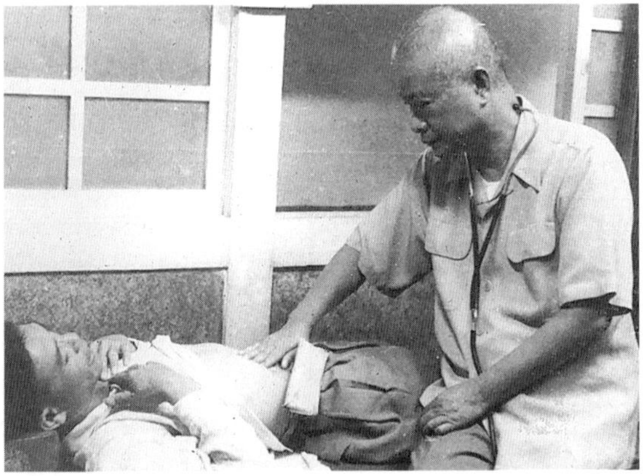

「韓內科」在台南市是無人不曉的診所，因此有人說：「韓內科是台南人的共同記憶之一。」這是他在醫診病患的留影。

石泉，面對愛兒病危，竟束手無策，他的懊惱可知。由此重擊，令他對生死重加思索，走入宗教之途，信仰基督。他出版了一本小冊，紀念長子良哲，題爲《由死滅到新生》（原文爲日文），他在書中寫道：

「良哲的生，向我們啓示了肉體有限的生命；良哲的死，向我們啓示了心靈永恆的生命。……由於良哲的死，我們方始確知了人生；由於一個良哲的死，我們更發現了無數個受苦而垂危的良哲。」

一九二七年，台灣文化協會發生內訌，無產青年奪權，造成文協分裂。七月十日，蔣渭水等另組台灣民眾黨，韓石泉出任中央委員，並在王受祿之後擔任台南支部主幹（即主任委員）。台灣民眾黨台南支部曾舉辦民眾講座、讀報社等活動，並參與反對組織台灣拓殖公司、反對許可吸食鴉片政策、反對田中內閣侵華政策、反對施行假地方自治等工作。

一九三一年二月，台灣民眾黨被殖民當局強令解散，韓石泉鑒於「所受教育……係變型無軌道速成式教育，畢業後雖不斷努力，一方面為日常診療工作與瑣務，他方面為參加政治活動所糾纏，以致對於醫療學術，並無再行深造機會，遭遇哲兒之死，自覺無能為力，又因民眾黨的解散，已失其核心，遂決意渡日求學。」（據其《六十回憶》）。

一九三五年，韓石泉攜家帶眷東渡，前往熊本醫科大學進修，不料抵日數天，遽獲老母病逝電報，匆促返台料理後事。待母親安葬後，再整裝渡日，在明石內科研究室跟隨內科權威明石眞隆攻讀。然而明石教授因校方派系鬥爭不已，決意辭職開業，韓石泉不得不轉而研究生化學。攻讀學位期間，韓石泉雖

羅患坐骨神經痛、胃出血等重病，但仍努力不懈；爲完成其研究題目，曾試驗過百餘頭小犬，足見用心之程度。經過五年苦心研究，終於在一九四〇年提出論文〈脾臟燐脂質的研究〉及〈關於膽汁的分泌及其成分〉送審通過，榮獲熊本醫科大學醫學博士學位。

韓石泉學成歸台後，在舊址重新開業，並擴建病房。此時日軍因偷襲珍珠港而爆發太平洋戰爭，美國對日宣戰。強弩之末的日本軍閥加強對台灣人民的壓迫，他的好友吳海水、陳江山、歐清石都因被日警羅織「東港事件」，成了階下囚。韓石泉雖得僥倖，免於縲絏之災，但仍躲不過戰爭的浩劫。一九四五年三月一日，美軍飛機大舉轟炸台南市，韓內科醫院不幸被炸全毀，十八歲長女淑英被炸彈擊中，死於非命；家破女亡，打擊甚深。災後，他檢視財產，僅剩人力車一輛、出診皮包一個、身穿的衣服、寄存於別家醫院的長椅兩張，以及儲存於「台南信用組合」的六千元存款。

參與政治　熱心公益

戰後，韓石泉貸款重整醫院，將韓內科遷移至台南市文廟路。台南州接管委員會主任委員韓聯和聽聞韓石泉大名，聘其爲自治宣導員，協助國民政府在台南市辦理接收日產工作。中國國民黨台南市黨部成立，他獲選爲第一屆執行委員，並出任台南市黨部指導員。

他進行接收工作公平謹慎，卻不料被誣告盜賣日產藥品，兩度被傳至台北應訊，終能還其清白。韓石泉深覺政治要逐濁揚清，必得賴知識分子積極參與，於是決意在政壇伸展抱負。

一九四六年，初次參加縣市參議員選舉，由於過分自信而挫敗。迨當年四

月十五日，台南市參議會舉行第一屆大會，並選舉第一屆台灣省參議會議員時，終獲當選，是爲台南市唯一的省參議員。

韓石泉問政，以如下之座右銘自箴，爲民喉舌：

有條有理，無偏無私，
談鋒銳利，不亢不卑，
把握重點，允宜三思，
言論正大，各方支持，
但求無過，勞怨不辭。

一九四七年，二二八事件發生，全島震撼，各地群起反抗陳儀政權。三月三日，騷動波及台南市，一時人心沸騰，風聲鶴唳。當時台南市長卓高煊見事態嚴重，急需謀求和平之道。一來他與韓石泉素有交情，二來以韓石泉爲民意代表，可以運用他的聲望及影響力，乃懇請他出面協助疏導民眾。三月五日，二二八處理委員會台南分會成立，各方推舉韓石泉爲主任委員。韓石泉在「責無旁貸，不敢明哲保身，坐視不救，是以不顧危險，置死生於度外，不計成敗利鈍，僅憑一顆赤心，與諸同志出負艱難工作。」（據《六十回憶》）

韓石泉堅持以四大原則爲處理方針：不擴大，不流血，不否認現有行政機構，政治問題用政治方法解決。

二二八事件中，台南市的犧牲終能降至最少，避開腥風血雨，韓石泉的奔波折衝，不無關係，然而他的角色卻未能受到充分瞭解，甚至遭到責難。當局派系的爭鬥，豈是他所能預料與掌握。在事件中，韓石泉也曾被押解，備受威

脅，難怪會自認是「以背著十字架的心情」去做那「知其不可爲而爲之」的任務。

問政數年，使他荒廢醫業。一九四七年，韓石泉頗具信心地投入區域性國民大會代表選戰，結果竟告落選，大違眾人所料，其過程不無不公情事。此後他對政治活動轉趨冷淡，專心致力醫務，並前後兼任台灣紅十字會台南市支會會長，私立光華女子中學校長、董事長，痲瘋療養院董事長，第二信用合作社理事主席等職，積極參與社會公益活動、教育工作，慷慨解囊。

脫離政壇　著述留芳

韓石泉脫離政壇，並不表示不問政事，仍以「政府諍友」的立場建言。民國五十年雙十節慶祝大會時，曾以〈國內外情勢和我們的覺悟〉呼籲大家「不要做一個保守的國粹主義者，或是頑固的主義信徒，不要妄自尊大，不歌功頌德，不厭世嫉俗，亦不必抱悲觀。雖然熱愛國家民族，還須尊重真理、正視現實，謙虛的檢討，公平的批評。」此篇演講由於從政治、教育學術以及社會各方面對當局的施政政策有所批判，以致遭有關單位嚴重關切，更令他對政治之無情慨

● 韓石泉、莊綉鸞是一對模範夫婦，對公益事業十分關懷，他們的善心常常為鄉人所傳頌。

嘆！

參與政治，可能是韓石泉一生中最不愉快的回憶。他撰述《六十回憶》《診療隨想》等書，即是認爲「文學」「歷史」才是最眞純的時代見證。

一九五三年，第六屆醫師節紀念日，韓石泉以虔敬、誠摯的心情自撰〈醫師十箴〉（列有十條，每條都是「一」，表同等重要）做爲座右銘，並公開發表，做爲與全台灣醫界人士的共勉：

「家事、國事、天下事，事事關心」，韓石泉不僅是一位醫者，也永遠懷抱著關懷社會的心，因此晚年雖不涉政治，仍不忘了解「時事」，一張報紙常常翻閱良久。

一、醫師應具有博愛精神與高尚人格，研修現代必需基本學識，並要深刻把握醫學有關專門知識和技術，並能適合運用，且其知識和技術，須與世界醫學水準相通，需要不斷獲得進步。

一、醫師之使命，積極方面，係運用其專門知識和技術，企圖為病人減弱或消滅病因，增進人類健康與壽命，使人類獲得舒適生活，享其天

年；消極方面，繼續與病魔搏鬥，藉以減輕病人痛苦，消除威脅。

一、醫師之工作，須要機警審慎，因其對象係機能組織複雜之人體及毒性猛烈之微細病源，所賴以運用之技術藥物，方法種類繁多，為期其適切有效，理宜慎重選擇，並刻刻留意注視其結果，以現代相當進步之治療醫法，尚難期必治症尚多，甚至有意外轉變者，應不斷檢討，以求合理完善。

一、醫師要達到完善，必須診斷確實，認清病因、病源及其所惹起之共同或特異症狀，與其侵襲主點，進行路徑，身體之反應抵抗等等諸種錯綜現象，運用可行之檢查試驗方法，參考最新之知識學說，慎重作正確之判斷，以奠定治療之基礎。

一、病患之輕重與否，雖可豫見，實難逆料，自覺病症與他覺觀察，有一致者，有相反者。一致固屬當然，相反尤須慎重考究，盡力預防其可能發生意外之危險症狀，以期豫後推斷之正確。

一、醫師面對因病患而陷於痛苦危險的人，因其精神與肉體均不能保持正常狀態，應有和藹親切態度，發言尤須慎重，站在醫療方面，僅有病體病患，一視同仁，無貧富貴賤階級之分，應以拯救其生命痛苦為第一要義，不遑計及其他，方克完成神聖之使命。

一、醫師對於病家及其有關之親朋，於可能範圍，說明其病態及養生看護之法，預防其因缺乏認識及無智，可能發生之錯誤，引導其向治療預防上應行之正確途徑。

一、醫師對於同業，宜相互尊敬，不應因診斷治療之不一致，而有攻訐妒誣之行為，不宜妄自尊大，欲尋求適宜良好之機會，互相研討，不居功、不獨善，高度發揮協力合作精神，以期最短時間，能拯救病人痛苦與危急。

一、專門醫師，對於專攻科目之知識技術，固宜深入，然不可忽視專門外病狀，因病體是整個人體，不論正常病態，各種臟器組織，機能影響相關，原無內外科等之分。因人智有限，對於微妙複雜之人體所發生之病態變化，雖費盡一生心力，萬難精通一切，分科乃權宜之計，非根本之道，應瞭解此理，勿墮專門陷阱。

一、醫師不應衒功，或作誇大及虛偽宣傳廣告，蓋疾病之治，雖有賴於主治醫師之叡智，究其實際，係集合古今有關醫學各部門研究者之血汗結晶而成者，個人絕無可誇耀之處，學海汪洋，觀於海者雖為水，誇大廣告，適足以表現其人格見識之低劣而已，實不足道也。

此篇〈醫師十箴〉，實爲醫界的座右銘，也必將歷久彌新，成爲台灣醫學的歷史文獻。

韓內科醫院不僅是解除病痛的場所，韓石泉也盡心將其布置成爲養心怡性的地方。

他屏除了傳統的「華陀再世」「妙手回春」等匾額的懸掛，而選擇了幾幅畫題含意顯示「生病」與「健康」人生對照的世界名畫做裝飾，更別出心裁地將候診室到診療室的小小走道稱爲「文化走廊」。

「文化走廊」曾懸掛著兩位世界傑出的醫師肖像，一是研究細菌學的法國生物學家巴斯德，用以彰顯他的研究精神和熱忱濟世的抱負。一是「黑人之父」，又有「密林醫師」之稱的德國醫師史懷哲，用以彰顯他的人道精神和敬

畏生命的胸懷。韓石泉說：「所以掛此兩幅者，衹希望能效法前者的研究精神與後者的犧牲行爲而已。」

「文化走廊」也曾懸掛矢內原忠雄和胡適的玉照。韓石泉十分心儀有「中國人的良心」之稱的胡適博士，他曾認眞拜讀全套《胡適文存》，並仔細地劃紅線，加眉批。矢內原博士則是日本開明派學者，日治時代曾支持台灣民族運動，著有《帝國主義下的台灣》等書。戰後，人稱矢內原爲「日本的脊骨(backbone)」。韓石泉對矢內原非常尊敬，稱他爲「日本的胡適」，曾長年訂閱矢內原個人雜誌《嘉信》，而且還在書桌上擺著用別緻玻璃框裝著矢內原親送的小照。韓石泉在逝世前不久，更從日本購買了《矢內原忠雄全集》，無疑的，韓石泉常以這位「日本人的良心」的風度、風範、風骨自勵。

每天雖然過著忙碌的生活，韓石泉卻不忘忙中偷閒，挪出時間與家人同樂。他的愛妻在朋友、親人眼中是出了名的「顧家」，二女兒韓淑馨說父親留給她最鮮明的印象是：「虔誠容人、微笑待人、勤奮用功、幽默愛家」。他們有一項特殊的家庭休閒活動——公休日的晚上，一家大小全體出動，雇好幾輛三輪車，繞著台南市區穿街過巷，四處「巡禮」，家人戲稱爲「遍街迺」。孩子們離家求學，每次寒暑假團聚時，家裏照例舉行「家庭座談會」。三女淑眞在大一的作文課上有如此描述：「通常都是爸躺在床上，媽坐在床沿縫補著我們幾個月來穿破了的衣服，我們則圍坐在床邊。餅干盒裏媽總不忘裝得滿滿的，手裏捧著一杯媽媽為我們泡的熱茶或者咖啡。留聲機輕輕地放送著一曲古典樂……一曲童謠……有時大嫂彈幾曲鋼琴，那『甜蜜的家庭』每一音符在我們的臉上跳躍著，我們都真正感到家的確是世界上最可愛的地方。」

身影已滅 心光仍亮

一九六三年六月三十日，韓石泉突患腦溢血，蒙主召歸，享年六十六歲。

日治時代，他投效政治文化運動，戰後一度問政，但以較長時間從事社會福利及教育工作。在本職上，他是一位醫師，一位竭盡所能、貢獻所有的敬業醫療工作者，他在其著作《診療隨想》如此寫著：

「積四十餘年醫生生活經驗，深信醫業係人生最重要的職業之一，因為人生祇有一次，而生命為人生的根本。增進健康、預防及治療疾病，擋延老衰，提高壽命，都要依賴醫生的智慧、學識、經驗與技術。

醫生倘能敬業服務，則其人生將具有崇高價值。而敬業者不外視病人的病苦如同身受，不斷的探討有關新的藥物、技術和儀器，並渴求新知、廣搜病例；要熱情、有耐心；要勤勉、要謹慎；且要能先病人之憂而憂，後病人之樂而樂；視人命為先，而不視財如命，則庶幾可能實踐醫人神聖使命，其樂無窮

● 韓石泉性好讀書，一生行醫濟人、從事社會改革運動，都不忘匀出時間閱讀，而且亦雅愛寫作，其子良俊說：「雖然醫務極忙，他仍隨時利用零碎的時間來執筆運思。」

焉。」

韓石泉除了是一位仁心仁術的良醫，最重要的還是他是一位「自由人」。他在晚年閱讀《胡適文存》，特別以紅筆劃出這一段話，這也是他一生的理念和思想：

「現在有人對你們說：『犧牲你們個人的自由，去求國家的自由！』我對你們說：『爭取你們個人的自由，便是為國家爭自由！爭你們自己的人格，便是為國家爭人格！自由平等的國家不是一群奴才建造得起來的！』」

後記：一九九八年七月，美國總統柯林頓訪問中國，在北京大學演講中，也引用了韓石泉於三十六年前的一九六二年所讀書中胡適博士的這段話，可說英雄所見相同。

韓石泉軼事

●以「聽天由命」解千憂

一九二三年「治警事件」，日本警察四出捕人。十幾位日警破門闖入韓宅，將睡夢中的韓石泉叫醒，不問情由押解而去，拘禁於台南羈留臨時收容所。

韓石泉與同志蔡培火、陳逢源等被解送至台北監獄時，因車曾駛過未婚妻莊綉鸞的家。他日後回憶當時的情景說：「恨不能一躍入宅，相吻話別，深覺悵然。」

縲絏之中，韓石泉時刻以年近六旬的老母和訂婚兩年半的未婚妻爲念。莊綉鸞亦時常寫信給他，對於無可奈何的政治迫害，她在每封信都用「聽天由命」來安慰他。

「聽天由命」四個字，竟成了夫妻兩人日後的閨中趣言。每當韓石泉看見太太爲某些事情愁眉苦臉，就笑著以「聽天由命」來安慰她，莊綉鸞聽了，往往就一笑解千憂了。

●婚姻的心得報告

台南名醫韓石泉，於一九五一年三月三十一日舉行銀婚紀念，邀請親朋好友參加。紀念會中韓石泉特別就結婚二十五年，提出了四點報告：

自與鸞妹訂婚以後，愛情沒有轉移，即未曾愛上其他任何女性。

迄今尚不知結婚倦怠期。

未曾有感情的衝突。換言之，相敬如賓，未曾反目。

經濟絕對公開，自由使用沒有限制，互相信任，沒有懷疑。

同鄉某名醫雖享齊人之樂，但妻妾難得相安，年屆七十，心靈愈顯空虛，有一次，他對韓石泉說出心中之話：「我這輩子最大的錯誤是娶細姨。」語畢，眼淚涔涔而下。

乞求生男的不正常心理

「妳很福氣，有八個孩子，這是第八個嗎？」我對一個婦人這樣說。

「不，只能算兩個，因為只有兩個是男的，其他都是女的。」

「現在男女平等，不是都一樣嗎？」

「說什麼平等不平等，女的終是屬於別人的啊！是不是？先生！」

這是韓石泉寫在其《診療隨想續誌》的一則故事，他對「只重生男不重生女」的傳統觀念十分慨嘆！每當在病歷表上看到「換治、招治、來治、不纏、罔腰、罔市、罔惜、罔纏、足額、滿額、宜男」等名字，他就會爲女性叫屈。他認爲這些乞求生男的不雅名字，是一種迷信、陳腐的表徵。

「未生子，先號名」的期待

韓石泉、莊綉鸞夫婦共有十一位子女，七男四女；長子自幼夭折，長女不幸於太平洋戰爭中罹難。

韓家子女，男以「良」字，女以「淑」字做爲首字取名。次男韓良信自台大數學系畢業後，赴美取得史丹佛大學博士學位，在美任教多年；因對數學教育之貢獻，曾於一九九八年獲美國數學學會頒獎表揚，著有三本數學專書（英文）。繼承父業的是排行第五（三男）的韓良誠博士，他使位於台南市民權路的「韓內科」，成爲七十幾年來台南市家喻戶曉的知名診所。醫業雖忙，他仍兼任教於台大與成大兩大醫學院及其附設醫院，對改進現代醫學教育付出極大心力。

四男、排行老六的韓良俊是台大醫學院牙醫學系口腔顎面外科學教授，曾任系主任。近年來推動防制檳榔危害不遺餘力，其「檳榔亡國滅種」論，震聾發聵，曾於一九九七年獲頒衛生署二等衛生獎章。其餘兄弟姊妹在學界各有成就，多人在國內外行醫。

一九四五年，韓石泉夫婦在痛失長女的秋天，迎接第十胎的來臨，彼時距日本無條件投降僅一個月，夫婦因祈望未來是和平時代，因之約定生女取名「淑和」，生男命名「良平」，而迎接「新時代」的是男嬰。

韓石泉的家族照，他的兒子多人從醫，三子良誠承續父業，使韓內科發揚光大，四子良俊曾任台大牙醫系主任，有人說韓氏後代可以開設一家綜合醫院。

韓石泉年表

1897	01歲	十月二十七日生於台南市。
1904	08歲	接受重慶寺私塾蔡師「開筆之訓」。
1906	10歲	入台南第一公學校。
1913	17歲	進入台灣總督府醫學校就讀。
1918	22歲	醫學校第十七屆畢業，服務於台北日本赤十字社台灣支部醫院內科。
1919	23歲	返鄉，進台南醫院內科服務，其後任至醫官補。
1922	26歲	與黃金火共同經營共和醫院。參加台灣文化協會，任理事，並參與台灣議會期成同盟會。
1923	27歲	因「治警事件」遭牢獄之災。

1926	30歲	與莊綉鸞舉行創新婚禮。
1927	31歲	擔任台灣民眾黨台南支部常務委員。
1929	33歲	創設「韓內科醫院」。
1930	34歲	出版《由死滅到新生》（日文）紀念夭折的長子良哲。
1931	35歲	撰寫《十三年來我的醫生生活》（日文），單行本付梓後，被查禁。
1935	39歲	東渡日本，入熊本醫科大學開始研究生涯。
1940	44歲	榮獲熊本醫科大學醫學博士。返鄉繼續醫務。
1945	49歲	韓內科醫院全毀於盟軍轟炸。長女淑英罹難。
1946	50歲	擔任台南私立光華女子初級中學校長，後轉任董事長。當選第一屆台灣省參議會議員。擔任台灣銀行監察人。

1947	51歲	二二八處理委員會台南市分會成立，被推舉爲主任委員。參選第一屆國民大會代表，因受謗而落選。
1949	53歲	重建韓內科於民權路（日治時稱「本町」）。
1952	56歲	擔任台灣省紅十字會台南支會會長。
1953	57歲	撰〈醫師十箴〉。
1956	60歲	出版《六十回憶》。
1961	65歲	發表〈國內外情勢和我們的覺悟〉；退出政壇，專心從事醫療、教育、公益事業。
1962	66歲	出版《診療隨想》。
1963	67歲	六月三十日因腦溢血辭世。

台灣新文學運動的急先鋒

張我軍

（1902～1955）

【語錄】

●「處今日的社會，老實說不能學那上古時代的愚民的『不知不識，順帝之則』了；因為你若這樣，誰給你自由和幸福？」

【評價】

●「他雖然不能說是台灣新文學的首創人，卻可以說是最有力的開拓者之一。他雖然不能說是台灣白話文的發起人，卻可以說是最有力的領導者之一。」

——張深切

張我軍的「原鄉」是與台北市一水之隔的板橋，板橋林家是台灣五大家族之一，板橋林家花園的田園之勝，名聞全島，張我軍在壯年歸台時，多次前往觀賞。

「台灣新文學運動的急先鋒」張我軍，原名清榮，字一郎，板橋人，生於一九〇二年十月七日（農曆九月初六）。他的筆名很多，包括有憶、小生、大勝、四光，以齋、迷生、野馬、雲逸、劍華、廢兵、老童生、張四光、張以齋、M.S.、也算體育記者等等（按：筆名由爲張我軍立傳的秦賢次考證）。「我軍」是他去中國廈門改的名字。

來自板橋　內渡中國

張我軍的父親原本經營簸仔店（雜貨店）的小本生意，後來改行從事土木工程包商，但事業並不順遂，一家人過得是寅吃卯糧的生活。張我軍十四歲自板橋公學校畢業後，在台北一家鞋店做學徒，三年出師的時間未到，遇到新高銀行襄理林木土。林襄理是他的小學老師，不忍這位資質優秀的學生做「黑手」（做工），於是介紹他進銀行當工友，希望他能熬一段日子，將來成爲吃金融飯

張我軍的童年，家庭生活並不富裕，但仍在照相館留下了這一張照片。他有模有樣的裝扮，彷彿是富家子弟。

的人。張我軍進入銀行後，工作賣力、做事細心，一年多即升任雇員，不久調往桃園擔任店長助手。張我軍深知在金融界做一位白領階級，就算學歷不如人，學問也不能比人差，乃利用夜間到台北成淵學校補習中學課程，假日則在大稻埕跟漢學家趙一山學習中國古典文學。他的生活圈很狹窄，範圍僅止於「北至小基隆，南至新竹」；十九歲那年，終有機會內渡大陸，放眼中國。

張我軍的恩師兼恩人——銀行家林木土，與民族運動家蔣渭水來往甚密。當他從新高銀行的大稻埕支店長，被派往中國廈門支店擔任支店長時，特將張我軍調來擔任助手。張我軍來到地處上海與香港之間的廈門，不僅見識這個「閩南港埠」的繁盛，也看到了一九一九年，大陸展開白話文運動後所澎湃興起的中國新文壇。從此，張我軍「自領略了海的感化和暗示之後，就不想回到如在葫蘆底的故鄉了」。

新高銀行是「稻江首富」李春生後人李景盛以台灣人資金爲主所創立的金融機關，也算是台灣人所創立銀行業的「株式會社」（股份有限公司）最早的一家。第一次世界大戰後，新高銀行遭受世界性長期經濟恐慌的嚴重打擊，虧損累累，於一九二三年七月結束營業，與嘉義銀行一起被併入台灣商工銀行（今第一商業銀行前身）。張我軍因此被資遣；他可能覺得返台一定是無業游民，不如再進中國內地尋找新的出路。當年初冬，張我軍隻身由廈門前往上海。

張我軍入滬，並不覺得孤單，因爲蔡惠如、謝廉清、施文杞、許乃昌等主張民族自決主義的人士，正組織「上海台灣青年會」，表面宣稱「敦睦學生間感情，從事研究東西文化」，但眞正目的「在求籌謀台灣革命，打倒日本帝國主義」。初涉十里洋場的張我軍，也參加了同鄉們的活動。

林木土是張我軍的恩師和恩人，這位台灣早期的銀行家，長年住在廈門，也由於他的牽引，張我軍才得離開「葫蘆底的故鄉」，看到了中國文學革命。這是蔣渭水夫婦（左二、三）在台灣民眾黨本部為他送行的紀念照。

上海台灣青年會曾舉辦的活動有：反對台灣政府當局，拘禁台灣議會請願者、參加國恥紀念大會示威運動、反對在台灣舉行始政紀念日典禮等。一九二四年一月十二日，該會在務本英文專門學校召開「上海台灣人大會」，張我軍被推舉爲執行委員，發表嚴責台灣總督暴政之演說。

學話習文　創作新詩

張我軍在滬不久，即前往北京，在國立北京師範大學附設的夜間部補習班學習北京話。在學「話」習「文」的過程中，他有了創作的慾念。一九二四年三月十五日，他寫下生平第一篇的文學創作，也是台灣新文學史上第一首以北京話爲基礎的「漢語普通話」的白話新詩。這首命題爲〈沈寂〉的新詩，緣自他暗戀來自湖北黃陂、同在補習班上課、就讀於北京尚義女子師範學院的羅文淑。

在這十丈風塵的京華，
當這大好的春光裡，
一個T島的青年，
在戀他的故鄉！
在想他的愛人！
他的故鄉在千里之外，
他常在更深夜靜之後，
對著月亮兒興嘆！
他的愛人又不知道在那裡，

他常在寂寞無聊之時，
詛咒那司愛的神！

〈沈寂〉和另一首〈對月狂歌〉，在一九二四年五月十一日，以筆名「一郎」發表於《台灣民報》旬刊二卷八號。這二首寫於北京，在台灣發表的詩作，是台灣新文學史上第一次被刊載的「漢文新詩」。

痛批舊學　摧枯拉朽

台灣文壇還是舊文人把持的時代。舊詩人以台北《台灣日日新報》、台中《台灣新聞》、台南《台南新報》的漢文欄爲園地，發表了不少吟風弄月、無病呻吟的擊缽吟和應酬詩。年輕氣旺的張我軍認爲不以痛批，不足以改革台灣文壇惡習。一九二四年四月二十一日《台灣民報》旬刊二卷七號，發表了他於半個月前（六日）在北京所寫的〈致台灣青年的一封信〉，這篇文章成了台灣新舊文學論戰的導火線：

「諸君怎麼不讀些有用的書，來實際應用於社會，而每日只知道做些似是而非的詩韻合璧的奴隸，或講些什麼八股文章，替先人保存臭味（台灣的詩文）。從未見過真正有文學價值的，且又不思改革，只在糞堆裡滾來滾去，滾到百年千年，也只是滾的一身糞。想出風頭，竟然自稱詩翁，鬧個不休。」

當年十月下旬，張我軍由北京返台，重踏闊別將近四年的鄉土，他顯然是爲擔任《台灣民報》編輯工作而回來。他在《台灣民報》二卷二十四號發表了

返鄉後的第一篇文章〈糟糕的台灣文學界〉，再對充滿「惡空氣」的台灣文化現象，提出嚴厲的批判：

「這幾年來台灣的文學界，要算是熱鬧極了！差不多是有史以來的盛況。試看各地詩會之多，詩翁、詩伯也到處皆是，一般人對於文學也興致勃勃，這種現象，實在是可羨可喜的現象。那末，我們也應能從此看出許多的好作品，而且乘此時機，弄出幾個天才來為我們的文學界爭光。……然而創詩會的儘管創，做詩的儘管做，一般人之於文學儘管有興趣，不但沒有產生差強人意的作品，甚至做出一種臭不可聞的惡空氣出來，把一班文士的臉丟盡無遺，甚至埋沒了許多有學的天才，陷害了不少活活潑潑的青年。我們於是禁不住要出來叫嚷一聲了。

「在打鼾酣睡的台灣文學，要永遠被棄於世界文壇之外了。台灣的文士卻戀著墓中的骷髏，情願做守墓的狗，在那裡守著百年前的古典主義之墓。」

張我軍如是毫不留情，也可說是「目無尊長」的攻擊，顯然引起了「舊詩人」連雅堂的不快，他在自己主編的《台灣詩薈》，爲林小眉之作《台灣詠史》作跋時，加以訾議，雖然沒有明指駁斥張我軍的批判，但明顯是在數說這位在北京接受中國新文學影響、大膽妄爲的後生小子：

「今之學子，口未讀六藝之書，目未接百家之論，耳未聆離騷樂府之音，而囂囂然曰，漢文可廢，漢文可廢，甚而提倡新文學，鼓吹新體詩，糠粃故籍，自命時耗，吾不知其所謂新者何在？其所謂新者，持西人小說戲劇之餘，

蓋其一滴沾沾自喜，誠陷穽之蛙，不足以語汪汪之海也？」

二十二歲、年輕力盛的張我軍，不甘被視爲「陷穽之蛙」，又在《台灣民報》二卷二十六號以〈爲台灣的文學界一哭〉一文回應。他仍以白話文回覆文言文，毫不留情的反擊當代大師連雅堂：

「請問我們這位大詩人，不知道是根據甚麼來斷定提倡新文學，鼓吹新體詩的人，便說漢文可廢，便都沒有讀過六藝之書和百家之論，離騷樂府之音，而你反對新文學的人，都讀得滿腹文章嗎？

「我想博學如此公，還會說出這樣沒道理、沒理解的話，眞是叫我替他辯解也無可辯解了，我能不爲我們的文學界一哭嗎？」

於是一場台灣新舊文學論戰因而點爆，各方摩拳，強上擂台。

一九二五年元月一日《台灣民報》三卷一號，張我軍再發表〈請合力拆下這座敗草欉中的破舊殿堂〉；他因受中國新文學運動的洗禮，所以深切期望「新文學的暴風雨」也能降落到台灣來。

此文開宗明義說出了他的觀感：

「台灣的文學乃中國文學的一支流。本流發生了甚麼影響、變遷，則支流也自然而然的隨之影響、變遷，這是必然的道理。然而台灣自歸併日本以後，因中國書籍的流通不便，遂隔成兩個天地，而且日深其鴻溝。

「回顧十年前，中國文字起了一番大革命。新舊的論戰雖激烈一時，然而垂死的舊文學到底是只有招架之功，沒有還手之力——不，連招架之功也沒有了。……那一座的破舊殿堂——舊文學的殿堂，經了這陣暴風雨後，已破碎無遺了。一班新文學家已努力地在那裡重建合現代人性的殿堂了——新文學的殿堂。可是我所最以為憾的，是這場暴風雨卻打不倒海外孤懸的小島。於是中國舊文學的孽種，暗暗於敗草欉中，留下一座小小的殿堂——以苟延其殘喘，這就是台灣的舊文學。

「我們因為痛感這座破舊的殿堂已不合現代的台灣人住了。倘我親愛的兄弟姊妹還不知醒過來，還要在那裡貪夢，就有被其所壓的危險了！我不忍望他們的災難，所以不自顧力微學淺，欲率先叫醒那裡頭的人們，並請他們和我合力拆下這所破舊的殿堂。」

張我軍在文章中還不厭其煩介紹了胡適的「八不主義」和陳獨秀的「三大主義」。他又說：「不敢以文學革命軍的大將自居，不過做一個導路小卒，引率文學革命到台灣來，並且替它吶喊助攻罷了。」

張我軍又在《台灣民報》發行於一九二五年一月十一日的三卷二號發表〈絕無僅有的擊缽吟的意義〉，堅持一定要掃除「詩界的妖魔」，因爲舊詩人不知「人為何要做詩」的意義，他們喜愛擊缽吟，只是「有想得賞品的，也有想顯其技巧的，也有的想結識勢力家的。」張我軍語重心長表示：「顧不得力微，便拏出一根安排未妥的筆帚出來，站在這文學道上當個清道夫。」

張我軍的這兩篇文章對舊詩人來說，確有氣勢凌人之感。有一位署名「悶葫蘆生」者在《台灣日日新報》漢文欄以〈新文學商榷〉一文反擊。悶葫蘆生說：

「今中華民國之新文學，不過創自陳獨秀、胡適。陳為輕薄無行、思想危險之人物，姑從別論。胡適之所提倡，則不過僅用商榷的文字，與舊文學輩虛心詩論，不似吾台灣一二青年之亂。」

張我軍對此「信口亂吠」，當然不甘示弱，立刻寫〈揭破悶葫蘆〉（載於《台灣民報》三卷三期）作答，並強調「中國的新文學決不是陳、胡二人的私產，是時勢造成的中國的公產，不過是他們二個人較可代表罷了。」於是這一場台灣新舊文學論戰，打得更激烈，雙方壁壘分明，各有陣地。舊文人占據《台灣日日新報》漢文欄「出拳」，新文學的主張者在《台灣民報》「解招」，文字之戰不免流於人身攻擊。張我軍感到如此下去，必是濫戰，乃於《台灣民報》三卷七期聲明放下戰筆，不再理會舊文人的無理取鬧。不過台灣的文學論戰並沒有因此熄火，餘燼仍然繼續燃燒。

建設白話　改造台文

一九二五年八月二十六日，《台灣民報》創立五週年紀念號，張我軍發表〈新文學運動的意義〉，文中說：

「現在中國文藝的花園裡，已開著無數燦爛、優美的花了。如新詩與短篇小說的發達之速，真是令人卷舌的！然而我台灣卻如何？還是滿園荊棘，找不出一朵鮮花呀！我們若要望那班舊文人替我們造些真文學、活文學，實在有甚於『責明於垢鑑』了。我們只望那些志願於文學的天才青年，不可再陷入舊文學的陷阱，而能用新方法來與我們共造新文學的殿堂，這是我人唯一的願望了。」

〈新文學運動的意義〉提出了台灣新文學運動的二個要點：白話文學的建設，以及台灣語言的改造。

張我軍不僅不諱言這二條出自胡適的《建設新文學》的〈國語的文學，文學的國語〉，還引述了胡適的一大篇話來說明為什麼要建立白話文學。他對於台灣語言的改造，提出自己的觀點：

大正十四年八月廿六日　臺灣民報　第六十七號

結論

一、新臺灣是由舊臺灣裡解放出來的。
一、新臺灣在建設上的二個問題
　是思想解放與民族解放。
一、新臺灣和臺灣青年是絕對不離。
一、新臺灣的成否是全在臺灣青年的肯犧牲與否。

新文學運動的意義

（一九二五、七、一八）

張我軍（一郎）

白話文學的建設、臺灣語言的改造

上

現在的臺灣沒有文學、歷來也許都沒有文學吧。有之、也不過是些假文學、死文學、而沒有眞文學、活文學。胡適先生說、現在中國的舊派文學不値得一駁、我想現在——以至歷來——臺灣的舊文學檢直不値得一笑。自從去冬我引了文學革命軍到臺灣以來、在起初三四個月間雖也引起了很大的反動、但那不過是幾個舊文學的殘壘的小卒出來罵陣的罷了、由此可以知道臺灣的舊派文學不値得一駁或一笑。於是我們第二步是建設了。胡先生又說：『他們所以還能存在國中、正因爲現在還沒有一種眞有價値、眞有生氣、眞可算作文學的新文學起來代替他們的位置。有了這種「眞文學」和「活文學」、那些「假文學」和「死文學」自然會消滅了。所以我們希望提倡文學革命的人、對於那些腐敗文學、個個都該存一個『彼可取而代也』的心理、個個都該從建設一方面用力、要在三五十年內替中國創造出一派新中國的活文學。』他又把他從來所主張的消極的破壞的「八不主義」改作了肯定的口氣爲一半消極、一半積極的主張。

一、要有話說、方總說話。這是『不做言之無物的文學』一條的變相。
二、有什麼話、說什麼話、話怎麼說、就怎麼說。這是二、三、四、五、六、諸條的變相（參看本報三卷一號）
三、要說我自已的話、別說別人的話。這是『不摹倣古人』一條的變相。
四、是什麼時代的人、說什麼時代的話。這是『不避俗話俗字』的變相。

現在中國的文藝的花園裏已開着無數燦爛的優美的花了。如新詩與短篇小說的發達之速、眞是令人卷舌的！然而我臺灣却如何？還是滿園荊棘、找不出一朵鮮花呀！我們若要望那班舊文人替我們造些眞文學、活文學、實在有甚於「責明於垢鑑」了。我們只望那些志願於文學的有天才的青年、不可再陷入舊文學的陷阱、而能用新方法來與我們共造新文學的殿堂、這是我人唯一的願望了。

中

我們現在談新文學的運動、至少有二個要點：

1 白話文學的建設
2 臺灣語言的改造

我這二條是從胡適的「建設新文學」的「國語的文學、文學的國語。」出來的。他說：『我們所提倡的文學革命只是要替中國創造一種國語的文學。有了國語的文學、方才可有文學的國語。有了文學的國語、我們的國語才可算得眞正國語……』我們主張以後全用白話文做文學的器具、我所說的白話文就是中國的國語文。我們何以要用白話文做文學的器具呢？胡適先生這樣說——

『我曾仔細研究：中國這二千年何以沒有眞有價値眞有生命的「文言的文學？」我自已回答說：『這都是因爲這二千年的文人所做的文學都是死的、都是用已經死了的語言文字做的。死文字決不能產出活文學。所以中國這二千年只有些死文學、只有些沒有價値的死文學。

『我們爲什麼愛讀木蘭辭和孔雀東南飛呢？因爲這二首詩是用白話做的。爲什麼愛讀陶淵明的詩和李後主做的詞呢？因爲他們的詩詞是用白話做的。爲什麼愛杜甫的石壕吏兵車行諸詩呢？因爲他們都是用白話做的。爲什麼不愛韓愈的南山呢？因爲他用的是死字死話。……簡單說來、自從三百篇到於今、中國的文學凡是有一些價値有一些兒生命的、都是白話的、或是近於白話的。其餘的都是沒有生氣的古董、都是博物院中的陳

（19）

一九二五年八月二十六日，張我軍發表〈新文學運動的意義〉，以「白話文學的建設、台灣語言的改造」做為副標。

「……還有一部分自許為徹底的人們說：『古文實在不行，我們須用白話，須用我們日常所用的台灣話才好。』這話驟看有道理了，但我要反問一句說：『台灣話有沒有文字來表現？台灣話有文學的價值沒有？台灣話合理不合理？』實在，我們日常所用的話，十分差不多占九分沒有相當的文字。那是因為我們的話是土話，是沒有文字的下級話，是大多數占了不合理的話啦。所以沒有文學的價值，已是無可疑的了。所以我們的新文學運動有帶著改造台灣言語的使命。我們欲把我們的土話改成合乎文字的合理的語言。我們欲依傍中國的國語來改造台灣的土話。換句話說，我們欲把台灣人的話統一於中國語，再換句話說，是用我們現在所用的話，改成與中國語合致的。這不過我們有種種不得已的事情，說話時不得不使用台灣之所謂『孔子曰』罷了。倘能如此，我的文化就得以不與中國文化分斷，白話文學的基礎又能確立，台灣的語言又能改造成合理的，豈不是一舉三四得的嗎？」

張我軍「把台灣人的話統一於中國語」，以及認爲台灣話是「沒有文字的下級話」「大多數占了不合理的話」的偏頗論點和主張，顯然和主張「保存台灣語」的連溫卿、連雅堂、黃石輝、郭秋生等人意見相左。

一九二六年二月，張我

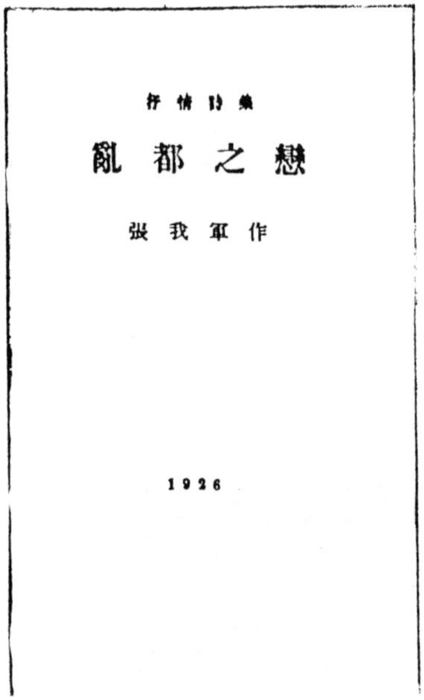
抒情詩集

亂都之戀

張我軍作

1926

一九二五年年底，張我軍出版《亂都之戀》，這一部「抒情詩集」是台灣第一本的白話詩集。

軍在台北自費出版一本《中國國語文作法》（又一名《白話文作法》），是提供台灣人寫白話文的工具書。

張我軍積極向台灣推介胡適的「八不主義」和陳獨秀的「三大主義」的文學革命理論，對散播中國五四新文學運動的火種也不遺餘力。他在《台灣民報》轉載大陸作者魯迅、冰心、郭沫若、鄭振鐸等人的作品，並爲這些作家寫簡介。

有人稱張我軍爲「台灣的胡適」，可能以張我軍是台灣新文學運動的奠基者、台灣第一本新詩集的出版者來「比對」胡適是中國新文學運動的奠基者，也是中國第一本新詩集《嘗試集》的出版者吧！

張我軍在《台灣民報》工作期間，曾參與一九二五年春天，蔣渭水等人所成立的台北青年體育會、台北青年讀書會，這是當代智識青年的反日、反帝結社。他還曾於一九二五年三月在台北青年體育會主辦的演講會，以〈生命在，什麼事做不成？〉發表演說，顯然他在非武裝抗日民族運動中沒有缺席。

定居北京 述文著書

一九二五年四月，張我軍從北京好友洪炎秋拍來的電報，得悉女友羅文淑將被長輩迫婚他嫁，於是匆匆趕赴北京，勸說羅文淑與他私奔，兩人輾轉回到台灣，以台灣民報

張我軍在台灣結婚，第二年（一九二六年）一起再赴北平，繼續其未竟的學業。

社爲家。同年九月一日，始得雙方家長諒解同意，於大稻埕江山樓舉行結婚典禮，由林獻堂擔任證婚人、《民報》同事王敏川爲介紹人，有情人終成眷屬。

一九二六年夏，張我軍爲繼續深造，夫婦同去北京，他考入北京私立中國大學國學系。

張我軍翻譯日本社會主義政論家山川均的著作《弱小民族的悲哀》，於《台灣民報》連載多期。他在譯者附記上有感而發寫下如此感嘆的文字：

「我在翻譯之間，一陣陣的悲哀、慚愧和痛快之感，輪流著奔到心頭！有許多自己所不知，或知而不詳的事——且與咱們全島民的死活有大關係的事——山川先生卻詳詳細細地在

張我軍結婚，安排的蜜月旅行節目之一，是和新婚太太去觀賞板橋林家花園，算是對出生地的懷念。

日本第一大的雜誌《改造》宣佈出來。又有許多自己所不敢說的，或說而不說到痛快的話，山川先生卻替咱們痛快地吐露於日本第一有權威的雜誌《改造》上面。」

一九二六年八月十一日，張我軍拜訪「中國青年導師」魯迅，以《台灣民報》記者身分贈送魯迅一一三期到一一六期四期《台灣民報》，並以悲憤的心情說：「中國人似乎都忘記了台灣了，誰也不大提起。」這句話可能給了魯迅當頭棒喝，他記之於心，八個月後感慨萬千地回述此事：「我當時就像受了創痛似的，有點苦楚，但口上卻道：『不。那倒不至於的。只因爲本國太破爛，內憂外患，非常之多，自顧不暇了，所以只能將台灣這些事情暫且放下。』」

國立京師大學校師範部國文系系主任吳承仕，也就是張我軍的房東，因張我軍念私校學費較貴，勸他轉學，以節省開支。一九二七年十月，張我軍以日本國學院大學高等師範科學歷插班轉學北平國立師範大學國文學系三年級，一九二九年五月成了該校第十七屆國文系畢業生。他畢業時，曾寫公開函給《台灣民報》，向台灣鄉親致意，略稱：「我軍在北京留學，幸蒙同胞加以精神及物質的援助，得於今年五月畢業國立師範大學國文學系，十分感激；唯畢業之後，不能立刻回鄉，為同胞效力，十分抱歉！望同胞寬旺大度，容我緩緩效勞。現在住在北京西城學院胡同四十七號，不棄我者，請時賜教言，無任歡迎。」

張我軍在北京時，與留學北京大學幾位台灣同鄉來往甚密，如哲學系蘇薌雨、教育系洪炎秋、經濟系宋文瑞、政治系吳敦禮。他們曾於一九二七年在北京共同創辦《少年台灣》月刊，寄回台灣發售，後來因爲經費拮据、稿源不

繼，再加上被台灣當局查禁沒收，不久即宣告停刊。

一九二九年，他與中國同學共十二人發起成立文學社團「星星社」，後改稱「新野社」。張我軍在僅發行一期的該社刊物《新野月刊》，發表一篇論作〈從革命文學論無產階級文學〉，以及翻譯日本學者黑田乙吉《高爾基之爲人》，開始在中國文壇嶄露頭角。

張我軍因精通日文，畢業後即被母校北師大聘爲日文講師，後來又在北京、中國兩大學兼課。更由於他勤於筆耕，譯作不斷，成了當時中國的日文大師，不僅《東方雜誌》《小說月報》《讀書雜誌》《文藝月報》《文藝戰線》等刊物有他的譯稿，譯作也一本一本付梓，計有：有島武郎《生活與文學》、和田桓謙三《社會學概論》、立淺次郎《煩悶與自由》、宮島新三郎《現代日本文學評論》、千葉龜雄等《現代世界文學大綱》、西村眞次《人類學泛論》、夏目漱石《文學論》、正木不如丘《人性醫學——附戀愛學》、今中次磨《法西斯主義運動論》、長野郎《中國土地制度的研究》等等。一九三二年到一九三六年之間，他還爲洪炎秋在北京

● 張我軍的兒子張光正在大陸為其父親所出版的《張我軍選集》

● 純文學出版社出版的《張我軍文集》。純文學的負責人林海音和張我軍一家人在北平時即交往甚深。

城內開設的人人書店編著好幾本學習日語的教材，如《日語基礎讀本》《日本語法十二講》《高級日文自修叢書》《現代日本語法大全》《日文自修講座》等等，另主編《日文與日語月刊》，前後發行三卷，計二十四期。研究張我軍並爲其立傳的秦賢次曾如此稱許：「抗戰之前，張我軍在國人學習的日文、日語的貢獻上，是無人能出其右的。」

淪陷北平　有爲有守

一九三六年十一月，秦德純出任北平市市長時，派雷嗣尚爲社會局長。雷因曾跟張我軍學習日文，邀他擔任社會局秘書，希望能運用張我軍流利的日語和日本軍人溝通，解決雙方歧見。一九三七年夏，日軍進攻華北，二十九軍倉卒撤出平津，北平市府官員也秘密隨軍離去。八月八日，北平淪陷，張我軍事先毫不知情，以致成了「淪陷地區」的人，再度成爲日本人統治的臣民。洪炎秋說：「他忠而見疑，對於秦、雷深表不滿。」

抗戰期間，張我軍未能進入大後方，一直滯留北平。他除了擔任僞北京大學文學院教授外，仍致力於寫作。他曾一度幫助張深切主編《中國文藝》雜誌，這份雜誌後來被日軍所屬的武德報社接收。淪陷時期，生活陷入窘境，雖然任教幾所大學，卻養不活七口之家，不得不「每天披著滿身粉筆末回家，還得翻譯寫作上千字文稿賣錢，才勉強過日。」（張我軍之子張光正語）

張我軍曾兩次赴日本東京參加日本文學報國會主辦的「大東亞文學者大會」，分別爲一九四二年十一月的第一次大會（台灣代表有龍瑛宗、張文環），以及一九四三年八月的第二次大會（台灣代表有楊雲萍、周金波）。對於張我軍參加他人認爲大不韙的會議，洪炎秋有如此的解釋：「他所以出席這個會的

原因，一半由於周作人、錢稻孫等先輩的邀請，一半由於他一直以教授日文名重一時，而平生不曾到過日本，在講解上難免感到困難。所以他想藉這次的招待，到日本各名勝去遊覽一番，以幫助教學，動機十分單純。」

文學史科專家秦賢次則有另一番見解：「（他）想去會見一些心儀已久的日本名作家。第一次在東京時，張我軍曾會見了武者小路實篤與島崎藤村兩位作家。武者係張我軍業師周作

張我軍、羅文淑夫婦攝於北平勝景天壇。此時生活負擔沉重，不僅教書也得「煮字」才能療一家七口之飢。

人的好友，島崎則是張我軍正在《國立華北編譯館館刊》連載中的長篇小說譯作《黎明之前》一書的作者。第二次在東京時，張我軍又與島崎會面數次，並徵求島崎同意，翻譯他的近作長篇小說《黎明》（原名《曉》）。」

據一九五八年九月日本中央公論社出版的《非常時期的日本文壇史》，有日本人岩谷大四追憶，華北代表出席第一次大東亞文學者大會，被帶到日本皇宮參觀時的情形：「一行人當中，只有張我軍一人扭過臉去，不向皇宮鞠躬彎腰，令我印象深刻。」

第三次大東亞文學者會議曾被建議在中國召開，沈啓旡等表示「中國必須也成立像日本文學報國會似的一個組織」，然而組織統一文學團體的建議並不順遂，張我軍便持反對意見。他曾被內定爲中國文學協會華北分會籌備委員會名單內，然而他以辭職、缺席和提議成立大會延期等行動，抵制受日本人控制的中國文學協會的成立，甚至令之流產，也使得周作人出任會長一事落空。

淪陷期北京文壇的台灣作家三劍客——張我軍、洪炎秋、張深切在中國仍然做了日本的臣民，但他們有爲有守，雖然苟全性命於亂世，但絕不隨便接受頤指。

戰後返台　鬱鬱寡歡

一九四五年八月，日本投降，時在北京的台灣同鄉組織「北平台灣同鄉會」，推舉洪炎秋擔任會長，負責服務鄉親和安排被日軍徵調到華北參戰的三千位台籍日本軍遣返家鄉。張我軍義不容辭擔任服務隊隊長，協助歸心似箭的同鄉，達成返台願望。

一九四五年，張我軍先行返台謀職，翌年年底，家眷再行返台。他應台北市長、也是台灣省教育會理事長游彌堅的邀請，擔任省教育會編纂組主任。張我軍的兒子張光正形容時年四十三歲的父親：「眼花背駝，呈現老態了。」張我軍後來到台中與朋友合辦六合書局，編印國文自修講座，但經營狀況不佳，不久即歇業。

一九四八年，張我軍回到台北，在大稻埕台灣省茶葉商業同業公會擔任秘書，主編《台灣茶葉》季刊。翌年八月，應台灣省合作金庫董事長謝東閔邀聘，出任該金融機構業務部專員；一九四九年十二月調研究室，一九五〇年七月升任研究室主任。張我軍主編創刊於一九五〇年四月十五日《合作界》月刊，做爲「希望它擔當全省合作界的喉舌，溝通政府和同業的意志，或向民眾宣傳合作教育。」合庫曾組織棒球隊，是四〇年代台灣棒球界的勁旅，張我軍

● 一九四〇年代的張我軍夫婦。他因生活的壓力，以及需與日本人周旋，已呈現了老態。

● 張我軍任職合作金庫時，擔任合庫棒球部長，率領球隊在台灣南征北討，推展台灣棒球運動。晚年，他投筆而執球棒，該是始料未及的。

兼任合庫棒球部長，常常率領球隊在台灣南征北討。

戰後返台的張我軍，雖然仍然有一「職」在身，晚年也利用餘閒編著《日華辭典》，但青年時代秉筆直書，震撼文壇的事蹟，已如過往煙雲，而且「台灣」成爲禁忌的當代，他的「台灣胡適」之榮光，無人能知，沒人可曉，況且英雄無用「筆」之處，其「精神和靈感已失去了生命」。嗜酒的他更是每天借酒澆愁，他的兒子、中央研究院副院長張光直說：「我相信世界上沒有人能把他喝到桌子底下去的。」但張我軍卻喝到「躺」了下來，鬱悒寡歡摧毀他的健康，傷害了他的肝臟。

一九五五年十一月三日，張我軍因肝癌過世，享年五十四歲，留下完稿已數十萬字、未竟全功的《日華辭典》，遺恨而終。

張我軍的哲嗣，考古人類學家也是中央研究院副院長張光直教授，曾將其父寫作生涯分爲四個階段：「第一，自赴北平留學到北伐前後，是做台灣新文學運動的一名急先鋒時代。第二，是自北伐前後到七七事變，爲了家庭負擔，以翻譯和寫日語教材爲主的一段。第三，是抗戰期間在北平淪陷區生活的階段。第四，是光復回台，以新的眼光，新的心境重新發現那『如在葫蘆底』的故鄉的時期。」

張我軍的第一階段寫作生涯，是他一生最光輝的文學生命時期。張深切如此讚頌他：

「他，雖然不能說是台灣新文學的首創人，卻可以說是最有力的開拓者之一。

他，雖然不能說是台灣白話文的發起人，卻可以說是最有力的領導者之一。

他，在台灣文學史上，應該占有一個很重要的地位。」

張我軍軼事

一九二五年七月十九日，張我軍以筆名「一郎」在《台灣民報》第六十一號發表新詩〈弱者的悲鳴〉，顯然是爲非武裝抗日民族運動的聲援之作。

樹枝上的黃鶯兒呵，
唱罷！儘量地唱你們的曲！
趁那隆冬的嚴威，
還未凍你們的舌，壅塞你們的嘴。
唱呀！唱呀！唱破你們的聲帶，
吐盡你們的積憤。
青空中的白雲呵，
飛罷！儘量地飛向你們的前程！
趁那惡熱的毒氣，
還未凝壅你們的去路。
飛呀！飛呀！無論東西、無論南北，
任意飛向你們的前程。

張我軍年表

1902	01歲	十月七日（農曆九月六日）生於板橋。
1914	13歲	板橋公學校畢業。
1916	15歲	進新高銀行擔任工友。
1918	17歲	升任新高銀行雇員。
1921	20歲	調職新高銀行廈門分行。
1923	22歲	前往上海，參加上海台灣青年會。
1924	23歲	出席上海台灣人大會，被推舉爲執行委員，聲討台灣殖民政府暴政。往國立北平師範大學附設夜間部進修。十月，返鄉擔任《台灣民報》漢文版編輯。發表〈沈寂〉〈對月狂歌〉，是台灣新文學史的首見刊載的漢文新詩。〈致台灣青年的一封信〉發表，掀起台灣新舊文學論戰。

1925	24歲	參加蔣渭水、楊朝華、翁澤生、鄭石蛋等發起的台北青年體育會、台北青年讀書會。九月，與羅文淑結婚。十二月，出版台灣第一本新詩集《亂都之戀》。
1926	25歲	《中國國語文作法》（又名：《白話文作法》）出版。六月，夫婦再往北平。八月，晤見魯迅。
1927	26歲	與同鄉蘇薌雨、洪炎秋、宋文瑞、吳敦禮等人創辦《少年台灣》。十月，插班國立北平師範大學國文學系。
1929	28歲	與同學何秉彝、葉鳳梧、俞安斌等籌組文學社團「星星社」，後改名「新野社」。北師大畢業，留校講授日文，又兼課北平、中國兩大學。出版譯作《生活與文學》《社會學概論》《煩悶與自由》。
1930	29歲	出版譯作《賣淫婦》《現代日本文學評論》《現代世界文學大綱》。
1931	30歲	出版譯作《人類學泛論》《文學論》。
1932	31歲	出版譯作《人性醫學》《俄國近代文學》。《日語基礎讀本》《日本語法十二講》出版。
1933	32歲	出版譯作《法西斯主義運動論》《資本主義社會的解剖》。
1934	33歲	創刊《日文與日語月刊》。出版譯作《中國工地制度的研究》《中國人口問題研究》。出版《高級日文自修叢書》《現代日本語法——分析篇》。

1935	34歲	出版《現代日本語法大全——運用篇》《日語基礎讀本自修教授參考書》《高級日文星期講座》。
1936	35歲	出版《標準日文自修講座》。十一月，擔任北平市社會局秘書。
1939	38歲	擔任淪陷區北京大學文學院教授（由本年九月至一九四五年八月）。
1942	41歲	譯作《日本童話集》上冊，九月出版。赴日參加大東亞文學者大會第一次會議。
1943	42歲	譯作《日本童話集》下冊，五月出版。再赴日出席大東亞文學者大會第二次會議。
1944	43歲	譯作島崎藤村著《黎明》出版。
1945	44歲	日本投降。北平台灣同鄉會安排台籍日本軍返台，擔任服務隊隊長。
1946	45歲	攜眷返鄉；任台灣省教育會編纂組主任。
1948	47歲	任台灣省茶葉商業同業公會秘書。主編《台灣茶葉》季刊，共期。
1949	48歲	擔任台灣省合作金庫業務部專員；四個月後調新設立研究室專員。
1950	49歲	主編《合作界》期刊。七月升研究室主任。
1955	54歲	十一月三日病逝。

孤獨的野人

張深切

（1904～1965）

【語錄】

●「吾人不怕國家的變革，祇怕人心的死滅，苟人心不死，何愁國家的命脈會至於危險，民族會至於淪亡？」

●「不為先入主的思想所束縛，不為任何不純的目的而偏袒。」

【評價】

●「深切是一個好強的人，信念堅固，做事說話是走直線的，不會迂折婉轉，寫文章也是直衝的，不善修辭潤色，所以易於得罪人、得罪事，從而容易闖禍。……至於這種性格是好是壞，又是另一問題了。」——張我軍

●「深切兄的一生雖然坎坷不幸，但卻是多采多姿，從各種的角度來看他時，他是革命家，也是思想家、哲學家、文學作家、批判家，而又是戲劇、電影的劇作家、導演。」——王詩琅

● 草屯市街。草屯原名「草鞋墩」，日治時代屬南投廳管轄，被視為「治安不寧」之地，亦為抗日激烈的地方。

堅持做「孤獨的野人」，以夫子自道的筆法撰寫台灣社會運動史，將其命題爲《里程碑》（又名《黑色的太陽》）的張深切，另名嘉裕，字南翔，筆名楚女、者也、之乎、紅草，曾化名張死光，一九〇四年八月十九日生於南投草屯（昔稱「草鞋墩」）。

出身窮困　養父栽培

日本據台初期，南投廳是一個激烈抗日的地方，所以在武官總督領台時期，當地的戶口牌子全是用「警戒色」的紅字書寫，叫做「紅家甲牌牌子」。這個標誌代表不服統治，心思反抗的危險區域。

張深切出生南投窮困人家，生父張獅，人稱「躼腳獅」，他的個性是「不管家庭，只管閒事，唯怕朋友沒有飯吃，不怕家裡餓死人」，是個喜歡做大哥的人物。幸好生母勤儉持家，背著幼小的張深切做散工養家活口。張深切對童年歲月有過如此描述：

「我從襁褓時起，就跟母親到處去給人家舂米，常被放在臼子旁獨自玩要，肚子餓了，就地抓抓米糠吃。襁褓時代的這種生活，我雖然沒有鮮明的記憶，但在這時候，每聽見了搗臼子或油車廠『石豬』撞擊的聲音，仍會喚起無限的懷思，比任何音樂更能扣我的心弦，也許這種音樂，便是我嬰兒時唯一的搖籃歌。」

五歲，張深切過繼給張玉書當養子，養父與生父是姑表兄弟。他之所以成了「過房兒」，是因爲生父過世，無錢入土，被迫「賣身葬父」，然而也從此改變他的命運，使他從一位貧窮人家的小孩，成了門第子弟。

張玉書原是一擔挑著豆腐，一擔挑著雜綢貨沿街叫賣的小販，但是好學不倦，「嘴裡直在叫賣，眼睛直在看書。」後來，他去雙冬村黃春帆家當掌櫃，得以結識阿罩霧（霧峰）林家的林朝棟。當時林朝棟是中部樟腦事務的總管，頗爲欣賞張玉書的才識，引爲詩友。林瑞騰以張玉書久居人下，鼓勵其創辦「腦館」，經過幾年經營，果然累積成小康之家，後更賴其夫人鼎力發展，終成豪門。

張深切於七歲啓蒙，進私塾（漢書房）讀書，執教的老師是秀才洪月樵（洪炎秋的尊翁）、施梅樵等當代名儒。他從「上大人，孔乙巳」、「人之初，性本善」念起，讀到四書五經，張深切說：「除念書歌外，什麼都不懂。」

九歲那年（一九一三年），張深切進入草鞋墩公學校，一直到十三、四歲自謂「還不曉得國家是什麼？民族是什麼？昏昏沌沌過日子」而已。

民族意識　小學萌芽

五年級時，一件「大事」發生了。張深切因被誣告在學校講台灣話，而被處罰掃地，心裡很不服氣，竟放下笤掃，慫恿同學說：「喂喂！大家聽著，我們爲什麼不能講台灣話呢？鳥兒有鳥兒的話，猴猻有猴猻的話，牠們都能說自己的話，爲什麼我們倒不如動物，不能說自己的話，說了便要受處罰，這太豈有此理！我不幹了，你們怎樣？」

張深切的行爲不僅嚴重違反校規，簡直是反抗「國策」，結果不僅被日本老師打得遍體鱗傷，也被開除學籍，逐出校門。對於小學期間，這一次的反抗行動，張深切晚年回憶說：「在公學校這一段時間，彷彿看來，儼然我是頗負

有民族意識的孩子，其實不然。我並沒有鮮明的民族意識，只是率性而行，談不到什麼思想問題。至於受處罰所表示的反抗，也不過是瞬間的衝突，決不是有意識的行爲。」

一九一七年八月，張深切隨著養父的好友林獻堂到日本，轉入傳通院礫川小學校五年級就讀。

踏上了日本國土，張深切茅塞頓開：「以前我以爲日本人都有學問，只有管人，不受人管，不料到了日本，才發現日本也有農民和勞動者，窮人比富人多，我還算是站在比較好的地位，這使我很自傲自慰。」

「兒童沒有國境」，張深切很快地和日本同學混熟了，而且也獲得他們的尊重。他除了恨不得把姓名也改爲日本名外，可以說在心理上完全是一個日本人了。他說：「日本人的親切、謙讓、守公德，使我很想做一個眞實的日本人。同鄉的冷淡、刻薄、自私，迫我逐漸厭惡台灣人，尤其不願意被人認爲『我是支那人』。」

然而，他畢竟是一位從被殖民的土地，到「母國」求學的小留學生，終於有一天，張深切與日籍老師練習劍道時，他「大夢初醒」了。當時兩位日本老師爲了張深切引起唇鎗舌戰，那位在道場上修理他的老師說：「這個清國奴太驕養了，非教訓他不可。」而坦護他的級任老師則說：「這位學生是從台灣來留學的啊，我們得要好好關照他……」

「清國奴有什麼稀奇！」

「稀奇，從小學來這裡念書，就算稀奇！」

「台灣人也是支那人，你不顧日本人的面子，反要坦護他，找我的麻煩……
……」

兩位日本籍老師的對話，打醒了他想做個眞正日本人的迷夢，畢竟自己籍貫身分的「定位」，就是一個謎題！「我痛感亡國的悲哀，重新對日本人開始強烈的仇恨，這次的覺醒是永遠的，不會再迷惑了」，他一生的轉折點應該是從此時開始的。

仇恨日本　思考人生

一九一九年，張深切升入豐山中學，該學校是一所佛教大學的附屬中學。他在讀「東洋史」時，念了中國歷史，才認知「中國的偉大，和認識了台灣人就是中國人。覺得好像望見了自己的祖先，或進了忠臣廟看壁畫。」他的思想從「愛日本」變成了「恨日本」，進而「仇日本」了。

當年暑假，張深切返鄉省親，母校「草屯公學校」（此時草鞋墩改稱草屯）特意舉辦同學會表示歡迎，並請他演講。他一上台竟大放厥詞地說：「台灣是日本的科西加，科西加島既能產生了拿破崙，台灣也一定會產生一個新拿破崙來征服日本，這斷不是妄想……」

這一段話引起在座的校長和支廳長的嚴重關切，但是正值自由主義和弱小民族自治主義思潮瀰漫世界各地之際，他們只好睜一隻眼、閉一隻眼，當做沒聽見了事。

張深切的叛逆思想，漸漸引起有關當局的注意。台中州高等警察課長山下末之武即對繼任者做如此交代：「台中州下的要視察（監視）人物中，特別要注意的已不是什麼林獻堂或蔡培火，這些人都沒有問題，只是張深切這小子要特別留神……。」

養父希望張深切將來做醫師或律師；這兩種行業是當時最受尊敬，而且收

入不錯的「投路」（職業）。不過張深切志不在此，懷抱著要「建設中國空軍」的美夢，於中學肆業一年時，投考所澤航空學校。養父激烈反對，因此他不得不求其次的轉入東京府立化學工業學校二年級，當時所想的，也是「要振興中國，須先振興工業」的抱負。然而這項決定也拂逆了家人的期望，以斷絕學費做爲警告。張深切恐怕父親的後援中斷，爲撙節生活費用，遷入台灣學生宿舍高砂寮寄宿，因而常與彭華英、范本梁、林呈祿等台灣民族運動人士暢論時事、政治，而奠下日後投身政治社會運動的基礎。

一九二二年，他插班考取日本著名的基督教學校——青山學院三年級。

張深切本來對哲學就有興趣，進入青山學院以後，對人生問題更有研究和思考的機會。他的中學教育歷經了佛教、科學、基督教三所學校，無疑的，這三種不同的過程對於他的思想都產生了潛移默化的影響。

此時，台灣議會請願運動在台灣島內展開，台灣民族運動人士積極推動向日本議會提出成立台灣議會的要求，張深切對此不表贊同。他認爲在日本殖民政府下設台灣議會，只是爲統政者「背書」，甚爲不妥，他並且提出「台灣是台灣人的台灣」「台灣應該爭取獨立自由」的「激進」觀點，但未受到注意。

投奔大陸　參加反日

一九二三年八月，張深切因肺病返台療養，即傳來日本關東大地震的消息。青山學院的磚造建築受損嚴重，他乃以學校必將開學無期爲由，向養父力求准他轉往中國上海留學。

初抵上海，張深切先住進閘北寶山路台灣青年會館，而後搬進商務印書館新附設的國語師範學校宿舍，入該校學習國音字母和國語拼音，以解決語言障礙。

畢業前夕，校長吳稚暉表示，畢業生可以選擇喜歡的詞句，由他書寫以留爲紀念。張深切以「機會乃命運」五個字夾於宣紙送了上去，不料吳校長所題與原句不同，改成了「機會非命運」，否定了他對命運的見解。對於吳稚暉竟將命運視若註定的宿命，他很是失望，認爲不足爲座右銘，率性將它撕毀。

畢業後，張深切搬回台灣青年會館。有了「祖國經驗」的他，開始體認中國並不如想像中的偉大。在會館生活，天天爲著臭蟲和大小便叫苦，如此衛生條件，就足令其抑不住悲憤！他有一段文字描述「中國的天堂」——上海另一面的情景：

「每天早晨附近一帶，臭氣薰天，洗馬桶的聲音哩哩咧咧，不絕於耳。若到閘北的鐵路沿線一看，更是奇觀，一清早人頭簇簇，排成長列的白屁股，袒然展覽大解脫，這種醜態，實在令人羞死。」

張深切自言在上海因「國語和上海話都講不通，中文也不能順意下筆，徒有一腔熱血，無法運用」。一九二四年，他與左翼分子創立了台灣自治協會。六月十七日，他參加了在務本英文專科學校舉行的國恥紀念講演會，並與蔡孝乾、林維金、洪輯治、謝雪紅等人登台演說，抨擊台灣總督府的殖民統治政策，直指日本所稱的「台灣始政紀念日爲國恥紀念日」。

滯滬期間，他反省說：「我逗留在上海期間，沒有讀什麼書，研究過什麼學問，胡鬧胡混，只跟青年們參加一些運動，學會了社會運動的第一課。」

返回故鄉　推展劇運

一九二四年，中國國民黨在廣州舉行第一次全國代表大會，同時改組，黃埔陸軍官校也隨之創立，廣州成了當代青年急欲前往打拚的希望所在。然而張深切還是留在上海，觀望形勢。

同年十月，張深切回到草屯老家，與台灣文化協會理事洪元煌以及李春哮、洪錦水、林金釵等人組織草屯炎峰青年會，演出〈幸狗變相〉〈改良書房〉二劇。翌年七月成立草屯炎峰青年會演劇團，有會員二十八人。此業餘劇團標榜「以藝術爲主，宣傳爲副」，但其利用演劇啓發民眾思想的作用，與「文化劇」實無分別。「炎峰」曾在台中、竹山、霧峰等地公演，劇目多爲張深切自編自導，他還常常反串女生。

張深切留學日本時，曾於一九二二年在東京中華會館參加〈金色夜叉〉和〈盜瓜賊〉的演出，所以參加戲劇活動對他而言，可以說是駕輕就熟。可惜「炎峰」因有團員是公務員，被服務機關強迫脫離該團，以致成員不足，不得不輟演。

一九二六年，二十三歲的張深切再赴上海。這一回是去做生意，企圖將台灣香蕉打入上海水果市場，然而人謀不臧，血本無歸，失意至極，但也因此興起到廣州參加中國國民革命的念頭。

革命青年　台灣先鋒

張深切一到廣州，和同鄉洪紹潭、郭德欽住在一起，大家開始研究台灣未來的前途以及商討他個人的抉擇問題。眾人一致勸他學習政治，因爲台灣人研

習軍事的人特別多，在黃埔軍官學校第三期有林文騰、黃濟英、陳紹馥，第四期有張士德、廖善郎，仍在校的有陳振同、陳春錦、陳旺欉、林萬振、溫而勵等人；空軍有謝文達，軍醫有張美統。他大可不必進入軍界，再插一腳。

張深切接納眾議，準備投考中山大學法學院。當時念中山大學的郭德欽、洪紹潭，嶺南大學的張月澄表示願意轉系或轉校，以便大家日後活動方便。

一九二六年十二月十九日，在張深切召集下，廣東台灣學生聯合會舉行首次籌備會議，旋於年底正式在中山大學醫學院禮堂召開成立大會，並決議設立組織。張深切以無學生身分，曾被質疑是否具有會員資格。

一九二七年，張深切如願考取中山大學法科政治系，他一面求學，一面從事政治運動。廣東台灣學生聯合會由於組織分子複雜，不少人爭奪領導權，三月十三日例會時，林文騰提議改組，張深切附和，獲得支持。三月二十七日，通過會則、綱領之後，即將組織改組爲廣東台灣革命青年團，但爲了避免日本駐粵領事館人員的監控，對外仍使用舊稱，張深切擔任宣傳部長。月底，他代表青年團參加英、美、法、蘇四國勞工代表國，在廣州東校場舉行聲援中國國民革命的示威運動大會。

廣東台灣革命青年團的主張、行動是激進的，高舉著台灣獨立革命運動的旗幟，不但主張「徹底肅清台灣議會設置請願及文化協會的消極理論，排斥與日本帝國主義的任何妥協」，進而「毅然向日本帝國主義公開宣戰；一方面籲請世界的同情，積極援助中國的革命，一方面實際的協助中國革命而求台灣的解決。」

一九二七年四月一日，青年團創刊機關雜誌《台灣先鋒》，提出的口號甚多，而且鮮明、有力，無異是向台灣的統治當局——台灣總督府下宣戰書，例

如台灣是台灣人的台灣、台灣民眾團結起來、台灣農工商業聯合起來、打倒日本帝國主義、打倒日本資本主義、打倒日本南進主義、打倒日本殖民政策、打倒日本同化政策、打倒日本愚民政策、打倒日本一切假面具、要使台灣革命先鋒進入台灣民間、反對日本之言論、出版、結社之自由禁止等等。

張深切以「紅草」爲名，在《台灣先鋒》創刊號發表〈台灣怎樣要革命〉，他以激進的文字如此寫著：

「起來革命！我們除非革命以外是沒有生路的，我們不可盲坐在催眠中被人指揮！被人支配；不可忍在斷頭台下，等候斬頭的日子。覺醒起來！我們的家伙被人將要搬完了！我們的未來，也已經陷在很危險的田地了！我們怎樣不革命呢？我們若不革命，不打倒這如虎似狼的日本帝國主義，我們是沒有生甦的希望。」

青年團行動積極，同年五月九日，參加國恥紀念日示威遊行，更與台灣留滬同志會、台灣反日同盟會共同發表〈濟南事件宣言〉，痛斥日帝的殘酷行爲。

青年團團員如陳振同、楊春錦更參與中國革命軍北伐的東江戰役，不幸光榮陣亡。

坐牢二年　再展劇運

一九二七年五月，張深切潛返台灣，籌募革命基金。是時台灣社會運動正在各處展開，他遇上了高雄印刷廠大罷工、台中一中鬧學潮。台中一中同學邀請他擔任罷課作戰委員會總指揮，領導學生罷課，終以煽動學潮被逮捕。

此時，中、日同時展開對青年團的高壓行動，先是廣東在李濟深支持下實施清黨，青年團被視爲左翼組織，遭到整肅。接著台灣的日本當局趁學生暑假返台省親，逮捕該團有關人員，首次即有二十三名下獄，接著又在日本、福建、上海各地陸續捉了九人。翌年二月，部分移送法辦，以「治安維持法」起訴。經過第一審、第二審後定讞。一九二九年四月十五日，林文騰維持原判，處徒刑四年，張深切、郭德欽則獲減刑，由三年徒刑改判爲二年，因之，一九二九年即可獲釋出獄。《台灣民報》稱此事件爲「台灣獨立事件」。

張深切在獄中讀了不少宗教書以及諸子百家，而逐漸建立了自己的思想：

「在廣州所醞釀的思想，雖然很幼稚，而且還帶有許多複雜的因素，尤其是各種主義和馬克思主義的殘漬留存不少。但是自入獄以後，這些殘渣逐漸被新發生的思想融化淘汰，及至要出獄的時候，『我』自己的思想，已澄清透明地浮現起來，把以前的舊思想都掃除乾淨了。」「廣東經驗」使原來深受三民主義影響的張深切，自以為能適應當時的思潮，自鳴得意，跟人家附和雷同，倡什麼主義思想高於一切，青年必須以身殉主義，不得有所顧忌。詎料經過一九二五年至一九二六年的實際經驗，逐漸對自己的主義思想，生起很大的懷疑。痛感「主義是偏於一方的主觀」，所以想要提倡：「國家民族高於一切」「國家民族為主，主義思想為從」「主義思想應規定於國家民族，不得規定國家民族」。

張深切獲得自由之身後，即發誓做一個孤獨的野人，獨來獨往，決不信奉

任何主義，參加任何黨派。但是他不忘即刻參加社會運動的行列，又重新投入戲劇活動。他主張：「文藝大眾化，需從演劇做起。」

一九三○年八月三日，張深切、陳朔方、何集璧、黃再添等組織「台灣演劇研究會」，於台中市興業信

●「文藝大眾化，須從演劇做起」，張深切以此文化信念，組織「炎峰青年演劇團」，以及創立「台灣演劇研究會」。台灣演劇研究會於赴豐原公演時，張深切在台中火車站接受獻花。

用組合樓上舉行發會式；十一月，在台中「樂舞台」公演〈暗地〉〈接木花〉等數齣劇，後又在豐中大倉庫（後來的豐中戲院）演出。警察署以過分描寫社會黑暗面，以及帶有濃厚民族主義色彩，諷刺台灣的命運爲由，橫加干涉，並數度傳訊負責編導的張深切問話，乃不得不被迫停演。

張深切痛感台灣不是久居之地，於一九三二年再度前往上海，進入日人山田純三郎所辦的江南正報社擔任副刊主編與撰寫時事評論。翌年，《江南正報》停刊，失業的張深切與新婚不久的夫人再度返台。十二月，因陳炘推薦，進入東亞共榮協會機關報《東亞新報》擔任編輯，《東亞新報》對當時日本右翼分子對該會的反對和搗亂，展開反擊。

推動文聯　斯文吐氣

一九三四年，張深切見左翼組織已被當局摧毀，而台灣自治聯盟也欲振乏力，深恐台灣民眾抗日意識因而消沈。是時，賴明弘、林越峰、楊守愚等幾位朋友力勸他出來組織一個文藝團體，以代替政治活動。張深切評估現況，認爲「帶有政治性的文藝運動」確有立即成立的必要，於是登高一呼，很快引起全台各地熱烈反應。五月六日，台灣第一次的新文藝運動結盟——「台灣文藝聯盟」正式成立，大會會場設在台中柳川河邊「小西湖」，會場大門貼著一對紅聯：

萬丈光芒喜為斯文吐氣，
一堂裙屐欣看大雅扶輪。

會場內，本來由各地會員貼上許多標語，因當局認爲不妥，加以干涉，被撕去了大半，剩下了「寧作潮流衝鋒隊，莫爲時代落伍軍」「打倒腐敗文學」「實現文藝大眾化」「擁護言論自由」「打倒偶像創造新生」「爲新文學奮鬥到底」「擁護文藝大會」「文藝大會萬歲」等。

大會原本推舉賴和出任台灣文藝聯盟委員長，惟其堅辭，乃改由張深切出任。

台灣文藝聯盟的大會開得轟轟烈烈，但是散會後，會員各自返鄉，未來的會務如何推動？而且人在哪裡？錢在哪裡？再無交集籌劃的機會。身任委員長

一九三四年，張深切夫婦與朋友前往北斗拜訪廣東台灣革命運動同志林文騰（後排中）。

的張深切，爲不負大家的付託，只得硬起頭皮幹下去了！

他典當太太的手鐲、金戒指，做爲推展會務的經費，並得中央書局張星建挺身協助，聯盟開始活動。後來徵得霧峰林幼春、林獻堂的同意贊助，於一九三四年十一月五日發行了台灣文藝聯盟的機關雜誌《台灣文藝》創刊號。此一期中日文並列的雜誌，刊頭有這些文句：

> 最荼毒台灣的是台灣人的僞指導者們。
> 我們的雜誌最歡迎人議論。
> 我希望把這本雜誌辦到能夠深入識字階級的大衆裡頭去！
> 惜乎台灣還未有春秋。
> 把台灣的一切路線築向全世界的心臟去！
> 看我們的藝術之花在
> 世界心臟上開放吧！

張深切於《台灣文藝》第二卷第二號（一九三五年二月一日發行）發表〈對台灣新文學路線的一提案〉，結尾如此申論：

「……台灣固自有台灣特殊的氣候、風土、生

● 台灣文藝聯盟於一九三四年創刊《台灣文藝》，雜誌的工作同仁於一九三五年拍下此照。張深切（左一坐者），站在其後是日文編輯楊逵；其右為他的妹妹張碧珚。右一坐者是作家吳希聖，其後是總編輯張星健。

產、經濟、政治、民情、風俗、歷史等，我們要把這些事情深切地以科學的方法研究分析出來——察其所生、審其所成、識其所形、知其所能——正確底把握於思想、靈活底表現於文字，不為先入主的思想所束縛，不為什麼不純的目的而偏阻，衹為了貫徹『真、實』而努力盡心，衹為審判『善、惡』而研讀工作，這樣做去，台灣文學自然在於沒有路線之間，而會築出一有正確的路線。

總而言之，我所要主張的，是台灣文學不要築在於既成的任何路線之上，要築在於台灣的一切『真、實』（以科學分析）的路線之上，以不即不離，跟台灣的社會情勢進展而進展，跟歷史的演進而演進。」

張深切爲「循著自己的理論」，在《台灣民報》和謝孟章爲「心理描寫不要論」打筆戰，以及編輯《台灣文藝》的百忙期間，寫就一篇示範作品——小說《鴨母》。

《台灣文藝》發行量只有一千本，而且每月均剩餘數十餘部，張深切在第二卷五號撰寫〈台灣文藝的使命〉，提出了檢討，並呼籲建立台灣民眾的文學，替台灣民眾訴苦，爲台灣民眾吐露希望：

「究竟還是咱們的宣傳努力仍未徹底，所以一般大眾未能知道新藝術的價值。新藝術和大眾之間，猶有一條很廣闊的溝壑，咱們苟非趕快築一個鞏固壯麗的大橋，給與一般大眾當作途徑，一般民眾是決不敢向前問津的。」

一九三六年，因《台灣文藝》編輯方針與楊逵意見相左，終於發生爭執。楊逵等另行創辦了「台灣文學社」，致使台灣文藝聯盟內部嚴重分裂，《台灣

文藝》於八月二十八日出版第三卷第七、八號合刊後停刊，聯盟也因之由式微而至解散。

翌年四月一日，台灣總督府下令禁用漢文，報紙即日廢止漢文欄，僅有《興南新報》准以延至六月，其他中文雜誌亦相繼廢刊。七月七日，蘆溝橋事件爆發，中日全面戰爭開始，殖民當局向台灣人民發出戰時警告。張深切遭特務隨時跟蹤，開始研究如何領取護照，脫離台灣。他說：「我想我們如果救不了祖國，台灣便會眞正的滅亡。我們的希望只繫在祖國的復興，祖國一亡，我們不但阻遏不了皇民化，連我們自己也會被新皇民消滅的！」

北京任教　亂世苟安

張深切於一九三七年底離開故鄉，歷經艱難到了中國東北。翌年三月轉往北平，出任北平藝術專科學校教職，並兼訓育主任，同時也在國立新民學院教授日語。

北平國立藝術專科學校的西京畿道校舍被日軍佔駐，所以擇於西城復校。校長王石之是留日雕塑家，卻不喜歡和日本人打交道，而教務主任邱石冥謙虛寡欲，因此校務幾乎由張深切掌理。學校教授陣容堅強，如齊白石、溥心畬、黃賓虹、張大千、陳綿、蔣兆和等，都執教該校。

斯時在日軍佔領下的北京，文化界已墮落得令人慨嘆！「陷於極端紛亂，滿目盡是淫書、桃色新聞和頹唐悲觀的論調，所有言論若不是諂媚日

一九三九年，中國水墨畫畫家蔣兆和為張深切所作的畫像，此畫畫於北京藝術專科學校辦公室，據說僅費時一小時即告完成。此畫作由其獨子張孫煜所藏。

本，便是讚揚新民主義的八股文章。漢奸、流氓、地痞藉日本勢力乘機打劫，橫行無忌；下流的政客跳梁跋扈，賣身賣國，忝不知恥，陷害忠良，壓迫百姓，習以爲常。恐怖空氣籠罩著故都，這是內地後方所不能想像的悲劇情形。」張深切雖然處此惡劣環境，苟全性命於亂世，仍不忘做一位特立獨行的人。

一九三九年，張深切因日

一九三九年，張深切在北平藝術專科學校授課的情形，他是該校訓育主任兼教授。彼時北平偽政權所懸掛的旗幟，即是在他背後代表「五族共和」的五色旗。

一九三六年七月，朝鮮舞蹈家崔承喜（左四）來台公演，受到台灣文藝界的熱烈歡迎。因為同為「日本殖民地的子民」，大家有共同的悲情和對時代的責任感。張深切夫婦攜子和張星健（左二）歡迎於台中市。

本美術評論家一氏義良介紹，認識了華北日軍最高司令部高級參謀堂中佐ノ肋光雄，在其支持下，創辦了《中國文藝》雜誌，擔任發行人和主編。

張深切辦《中國文藝》之前，曾提出四個條件，並經過同意。條件爲：第一，編輯方針與內容不受任何干涉。第二，雜誌裡絕對不刊登任何宣傳標語。第三，保持純文藝雜誌的型態，不做主義思想的宣傳。第四，不加入其他新聞雜誌社所結成的團體做政治活動。

《中國文藝》創刊號發刊前，張深切曾與周作人研討過編輯方針；張深切於創刊號編輯後記留下了下列幾段話：

「吾人不怕國家的變革，祇怕民心死，民心苟不死，不愁國家的命脈會至於斷絕，民族會至於滅亡……

「偉大的民族是在其能復興國家於危急存亡之秋，此時何時！這正是吾人應當奮起努力興邦定國的時候。

「國可破，黨可滅，人可殺，文化不可亡，我們可以一日無國家，但不可以一日無文化，因為文化是國家的命脈。」

十一月，養父張玉書病逝，張深切匆忙趕回台灣奔喪，出殯日正與先後辭世的當代最偉大詩人林幼春同一天。

返回北京後，他繼續組織了「中國文化振興會」，準備再與日本周旋。一九四〇年，張深切因遭受日籍教授杯葛與挑撥，被迫辭去藝專和新民學院的職務。繼而《中國文藝》受控制全華北新聞雜誌的山家亨派系不斷圍剿和誣陷，於出刊第二卷第六期後，張深切不得不交出編輯工作，悵然退去，《中國文藝》

乃被中央公論所接收。

以後，張深切轉入曹汝霖擔任董事長的新民印書館工作，編譯了《兒童新文庫》《日語要領》《現代日本短篇名作集》等書。一九四三年，日本左翼理論作家林房雄，自負領有「日本文學者報國會」的使命，希望張深切、周作人等與其合作，但張深切以志不同、道不謀予以敷衍，且決意離開工作二年的新民印書館，提出辭呈。想不到「興亞院」卻通令各公教機關，爾後不許任用張深切，他只得拿「不以拘留或驅逐出境議處」來自我安慰了。

一九四〇年代，張深切的「北京生活」是從事寫作、編輯和教書。這位在北京的台灣人給當地人的印象，是一位勤勉的讀書人，而不是「革命分子」。張深切夫婦合影。

張深切離開文化圈，適有同鄉宋維屏、黃烈火在北京營商，組織公司，邀請他當顧問，正爲走投無路苦惱的張深切當然首肯，於是走入了商場。

一九四五年四月，戰爭逐漸接近尾聲，張深切突遭日本特工組織一四二〇部隊逮捕，被捉去的人多半有去無回。他的夫人急著找張我軍、洪炎秋探聽消息，但無音訊，大家焦慮萬分，後賴友人天津特務機關長浦野壽一郎中佐營救，才把性命撿了回來。

放棄政治　著書立說

一九四五年八月十五日，日本宣布無條件投降，擔任台灣人旅平同鄉會會長的張深切，爲了安頓留滯在北京的六十幾位台灣籍日本軍，煞費周章，安排他們住進一所學校，找尋捐助、安排伙食，直至搭輪返台。

一九四六年二月，張深切舉家回到離別多年的台灣，應台中師範學校校長洪炎秋聘請，擔任教務主任。

翌年發生二二八事件，洪校長因「鼓動暴動，陰謀叛國」之名被撤職查辦。張深切則被台中市市長黃克立誣指爲「協助謝雪紅煽動學生強調排外，推翻國民政府，打倒國民黨，參

張深切是日治時代台灣新文學運動的健將，也是「民族社會主義者」。他不僅留下一百五十萬言的作品，也在台灣抗日史上留下了許多章節。留影於一九五一年的張深切。

與暴動，抵抗國軍」；如此嚴重的罪名，如被逮捕，必死無疑。他爲求安全，不得不開始逃亡，躲藏於南投中寮山。

藏匿期間，張深切完成了《我與我的思想》《在廣東發動的台灣革命運動史略——附獄中記》著作。

二二八事件，張深切被誣指「協助謝學紅煽動學生」，不得不逃亡，匿藏南投中寮山土角厝，避居此陋舍，他完成了《我與我的思想》《在廣東發動台灣革命史略》等名著。

一年後，張深切終獲平反。據說當局承諾讓他接掌某家公營報社的總主筆，但他顯然對公職失去信心，遂痛下決心，不再從事政治活動。

選擇在野的張深切原擬全心全意撰寫《老子哲學評論》，而且開始執筆，

但是「後來想到老子哲學一般人比較生疏，按程序說，還是從孔子哲學著手較爲穩妥」，於是半途改寫《孔子哲學評論》。一九五四年，《孔子哲學評論》交由台中中央書局出版，不幸遭到查禁。雖然當局沒有說明原因，但我們不難理解當時儒學是不准被「評論」的，因爲執政者所標榜的正是以儒家思想爲道統的政權！張深切即在《孔子哲學評論》指出：「因為儒學即是帝王學——官府信奉之學。故凡反抗儒家，則等於反政府，反抗政府者，儘可以鳴鼓而攻之，格殺勿論。」

投效影劇　潦倒晚境

一九五七年，張深切投入影劇事業，與劉啓光、何永、林快青、郭頂順等成立「藝林影業公司」，拍攝台語影片。

「藝林」出品的第一部影片即是由張深切編導的〈邱罔舍〉，這部以台灣民間故事爲主題的台語影片，其劇本獲得台灣第一屆台語片影展金馬獎故事項目特別獎。

之後，張深切又繼續完成了〈人間與地獄〉〈李世民遊地府〉〈生死門〉〈婚變〉〈荔鏡傳——陳三五娘〉等劇本，準備做爲後續拍攝的電影，無奈〈邱罔舍〉上片後，曲高和寡，賣座不佳，加以公司人事糾紛，「藝林」宣告歇業。他企圖爲台灣電影另闢格局的構想也因此落空。

張深切因投資電影失去了大部分儲蓄，又成了無業遊民，炙熱燦爛的光芒逐漸隱去，成了「黑色的太陽」，然而他不忘再投射出微光來。五十八歲那時，他改寫一九五一年發表的劇本《霧社櫻花遍地紅》，結集爲《遍地紅》，由台中中央書局出版。年底，又由台中聖工出版社出版他的回憶錄《里程碑》又

名《黑色的太陽》四冊。

他在晚年於台中市陋巷開了一家「純喫茶」的聖林咖啡廳，以法式沙龍方式經營，不過生意清淡，不久關門。此後，往來霧社，從事木材買賣，也賺不了什麼錢。再回台中重新開設古典咖啡廳，也是賠本，不過他說經營「古典」有三大好處：「第一，它使我每日浸淫在藝術的氛圍靄氣裡生活。第二，我在這裡寫了幾部電影劇本和舞台劇本，並完成了幾部原稿。第三，我在這裡結識不少有爲的青年與學生，受到了他們的尊崇。」

●〈邱罔舍〉劇照。張深切說：「我編導〈邱罔舍〉的動機，是妄想要改革台語片……我們的目標是：戲不隨便做，話不隨便講，服不隨便穿，樂不隨便配，歌不隨便唱，景不隨便採。」

生帶反骨　死留正氣

這位被徐復觀譽爲具有「古希臘自由人」形象的鬥士，晚年經常咳嗽吐血，已經「了悟死無可恨，活無可喜；既不求長生，亦不蘄早死，盡人事待天命，如斯而已。」

一九六五年十一月八日，他終敵不過肺癌侵襲病逝。洪炎秋題了如此的一幅輓聯：

生來就帶反骨，老跟惡勢力爭鬥；
死去長留正氣，永供好朋友懷思。

洪炎秋還撰追悼文說：

「深切兄一生和惡勢力爭鬥，不肯同流合污，不肯蠅營狗苟，富貴不能淫，貧賤不能移，威武不能屈，以致終身潦倒，一世坎坷，這就是『正氣』最好的表現。假如他骨頭軟一點，以他那對日本和日本人的認識，以

一九五七年，張深切投入電影事業，編導〈邱罔舍〉，此片曾獲頒第一屆金馬獎特別獎故事類。張深切還寫了〈人間與地獄〉〈生死門〉〈婚變〉〈荔鏡傳〉等劇本。

鐵定下期放映

全部實地真景家庭倫理大悲劇！

春天後母面

星田　犀斗　天谷　雲龍　天枝　陳小嬌　李月芳　鶯砲明　英英（合演）

英俊小星　文夫　悲劇影后　小桂梅　騷艷紅星　鍾瑛　主演

演員陣容堅強，十二紅星通力合作！

大佛寺院漁港　名勝古跡優美風光盡上銀幕

要安居樂業，先肅清匪諜！

本事

邱罔舍

清末，臺灣中部某處，有一年青大富戶，姓邱名震，自幼失恃，喜惡作劇「惘人」，是故被稱爲「邱罔舍」，但爲人聰明機智，作風詼諧幽默，雖惘人，人亦不以爲恨。

某年元旦，舍故意穿破裘，蓬頭垢面，上街憑弔新年，街人皆笑之。舍回家換衣，至庄中廣場，誘騙兒童穿孝服，然後唱其走回，家人見狀莫不切齒，及至發現麻衣內藏有龍眼，皆反嗔爲笑。

舍懷恨寶麵通、剃頭宗及轎夫紅目等對渠無禮，存心找其麻煩，使其無法應付。

元宵日，舍擺大炮陣參加鎮上熱鬧，鎮人從未見大炮，爭睹奇觀，及盲啞老幼，爭先恐後，渡河登山，鵠首以待，及至放炮，只見炮心燃燒，不聞聲響，始知受愚，然亦無可如何，一嘩而散。

舍之鄰居有崔富者，爲富不仁，村人皆忌之，舍以曾被柴夫所辱，想藉機報復，一日上街，惘一大批柴夫至崔宅，令將柴木從牆外拋入，打破崔家花園，崔家家丁出擊，雙方莫知其由，大戰一場，不了了之。

又一日，舍以相士欺人，惘數十名相士至家相命，羣盲不知中計，互相打擊，一發不可收拾，打至頭破血流，仍無法底止，大鬧一場笑劇。

舍伯叔均無子，叔以舍有奇智，訪舍問娶妾妙計，舍果玉成其事，傳爲趣談。

舍村中有一奇女子，名喜雀，家貧，與父相依爲命……

台灣攝製　台語王片

名導編　郭伯霖　自製自編自導　精心傑構

坊間奇書今古奇觀「蔣興哥重逢珍珠衫」改編

失妻得妻

谷蘭　谷秀　李文增　陳泰　領銜主演

有血有淚　有骨有肉　香艷旋旖　纏綿悱惻　新歌四支　守花詞　負心郎　空閨怨　寡婦吟

製片：王德亮　攝影：陳忠義

鳳華影業社創業輝煌巨獻

〈邱罔舍〉上映時，戲院所發行的「本事」，可以略知故事的梗概。

他那運用日文和中文的能力，在敵偽時代，是不難做大官、發大財的，而他沒有！光復以後，他如果肯於枉屈所信，遷就現實，也不難求得一官半職，而他沒有！」

「台灣新劇第一人」張維賢的輓聯，則是如此題道：

幼本頑強，勇於為民族奮鬥，壯哉前赴；

老益好學，誠乎以忠義感人，魂兮歸來。

張深切過世一年（一九六六年），他的遺著《縱談日本》由台北泰山出版社出版。

一九九八年，《張深切全集》全十二卷始付梓刊行。

張深切軼事

●拍電影的六大要求

邱罔舍劇終人散；

里程碑編畫名成。

這對輓聯是曾濟民和郭水潭以張深切所拍的電影〈邱罔舍〉，及其最重要作品《里程碑》所撰成的一幅有意思，而且有意義的對聯。

〈邱罔舍〉雖然獲得第一屆金馬獎故事類特別獎，但是叫好不叫座。張深切是在「有的竟以看台語片引爲恥辱，極端厭惡台語片的出現」的情況下，編導這部鄉土電影，他揭示的目標是：

(1)戲不隨便做。(2)話不隨便講。(3)服不隨便穿。(4)樂不隨便配。(5)歌不隨便唱。(6)景不隨便採。

●經營咖啡廳，自己享用

文化人經營咖啡廳，幾乎是從事賠本生意。張維賢經營國際西餐廳虧了不

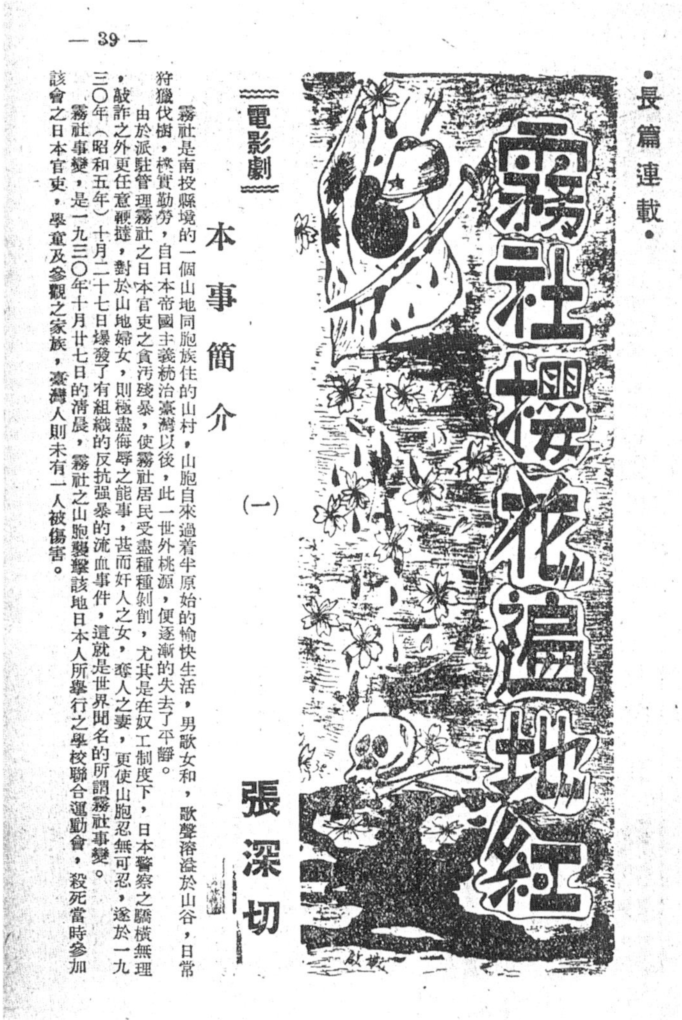

•長篇連載•

霧社櫻花遍地紅

電影劇

本事簡介 (一)

張深切

霧社是南投縣境的一個山地同胞族住的山村，山胞自來過着半原始的愉快生活，男歌女和，歌聲溶溢於山谷，日常狩獵伐樹，樸實勤勞，自日本帝國主義統治臺灣以後，此一世外桃源，便逐漸的失去了平靜。

由於派駐管理霧社之日本官吏之貪汚殘暴，使霧社居民受盡種種剝削，尤其是在奴工制度下，日本警察之驕橫無理，敲詐之外更任意鞭撻，對於山地婦女，則極盡侮辱之能事，甚而奸人之女，奪人之妻，更使山胞忍無可忍，遂於一九三〇年（昭和五年）十月二十七日爆發了有組織的反抗強暴的流血事件，這就是世界聞名的所謂霧社事變。

霧社事變，是一九三〇年十月廿七日的淸晨，霧社之山胞襲擊該地日本人所舉行之學校聯合運動會，殺死當時參加該會之日本官吏，學童及參觀之家族，臺灣人則未有一人被傷害。

— 39 —

1951年<旁觀雜誌>半月刊第七期，張深切發表原住民泰雅族霧社抗日事件的電影劇。

少錢；張深切前後做了聖林、古典咖啡廳，亦復如是。

張深切是在負債八萬元下，再舉債於一九六一年開設古典咖啡廳。徐復觀說：「他的古典咖啡室，可以說得上是名實相符的：古典的布置，古典的音樂，帶有古典美的小姐；走進去，眞使人有某種古典的感覺。」咖啡廳的冷氣，好像是爲張深切裝設的，咖啡廳的氣氛，好像是爲他營造。他說，有古典的冷氣，我夏天才能繼續寫作，有古典的音樂，我的腦筋常能起新陳代謝的作用。

張深切年表

1904	01歲	八月十九日生於南投廳南投堡三塊厝庄（草屯）。
1908	05歲	過繼給張玉書爲養子。
1910	07歲	啓蒙於洪月樵。
1913	10歲	進草鞋墩公學校。
1927	14歲	隨林獻堂赴日，轉讀傳通院礫川小學校。
1919	16歲	升入豐山中學。
1920	17歲	轉學東京府立化學工業學校；寄宿高砂寮，與彭華英、范本梁、林呈祿等來往，奠下投身政治社會運動基礎。
1922	19歲	去年一度返台；重回日本，插班青山學院中學部三年級。
1923	20歲	赴中國上海，寄居台灣青年會館。

1924	21歲	就讀上海商務印書館附設國語師範學校。參加台灣自治協會。十月，與洪元煌、李春哮等籌組草屯炎峰青年會。
1925	22歲	炎峰青年會演劇團成立，公演的劇本、導演多由其負責。十一月，發表處女作日文小說《總滅》。
1926	23歲	上海經商失敗，轉往廣州，積極投入政治運動。擔任廣東台灣學生聯合會委員。
1927	24歲	考入中山大學法科政治系。擔任廣東台灣革命青年團宣傳部長。五月返台，因涉嫌鼓動台中一中罷課事件被捕，後無罪開釋。因「廣東事件」再度繫獄。
1928	25歲	「廣東事件」判決，被懲役三年。
1929	26歲	四月，「廣東事件」控訴審改判二年。
1930	27歲	八月，與何集璧寄發起「台灣演劇研究會」發會式。
1934	31歲	擔任《台中新報》記者及編輯。五月六日，台灣文藝聯盟成立，擔任委員長。主編《台灣文藝》。
1935	32歲	《台灣文藝》停刊，台灣文藝聯盟式微。
1938	35歲	定居北平，擔任北京藝術專科學校訓育主任兼教授。

1939	36歲	擔任《中國文藝》主編及發行人。擔任台人旅平同鄉會會長。
1942	40歲	棄筆從商。
1945	42歲	協助滯留北京的台籍日本軍返台。
1946	43歲	攜眷返台，擔任台中師範教務主任。
1947	44歲	因二二八事件逃亡，避居山中期間完成《我與我的思想》《在廣東發動的台灣革命運動史略》等著作。
1948	45歲	《我與我的思想》《獄中記》《台灣獨立革命運動史略》由台中中央書局出版。
1951	48歲	發表《霧社櫻花遍地紅》於《旁觀》雜誌。
1954	51歲	《孔子哲學評論》出版，即遭查禁。
1957	54歲	自編自導電影〈邱罔舍〉。
1961	58歲	在台中市先後開設聖林咖啡廳、古典咖啡廳。《遍地紅》《里程碑》四冊出版。
1955	62歲	《我與我的思想》增訂再版。十一月八日病逝。

台灣新劇第一人

張維賢

（1905～1977）

【語錄】

●「演劇動作，最重要的不一定是語言。」

【評價】

●「張維賢的一生彷彿是『黑色青年』無政府主義者的典型寫照，終生在追尋、幻滅、堅持、孤寂、奮鬥、追尋……的無盡循環裡，渡盡劫波，卻永難磨滅，直至最後一刻。」——楊渡

大稻埕是日治「三市街」之一，茶香歲月使此地成為台灣新文化的胎動地，一九二〇年代的非武裝抗日民族運動亦以此為中心。

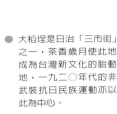

「台灣新劇第一人」張維賢，原名張乞食，筆名耐霜，綽號「保伯仔」，台北市人，一九〇五年五月十七日生。一九二三年畢業於日本佛教曹洞宗所辦的「台灣佛教中學林」（後改稱「台北中學校」）。其後，隻身前往中國廈門、汕頭，以及香港、婆羅洲等地遊歷考察。

一九二一年，民族運動團體台灣文化協會成立，宣稱「以助長台灣文化之發達爲目的」，但實際是與日本殖民政府「短兵相接」（葉榮鐘語）的非武裝抗日運動的積極運作。

一九二三年，台灣文化協會第三屆定期總會，議決了六項「新設事業」，求以「一致漸次力行，務期實現裨益同胞文化向上」。文化演劇會即是與該會所推動的寫眞會（電影）、音樂會等，被列爲「改弊習，涵養高尚趣味」的民眾藝術興味活動之一。

在傳統的觀念裡，剃頭（理髮）、歕鼓吹（樂師）和扮戲（演員）被認爲是「下九流」的行業，一般人十分排斥，當時的智識分子也不屑一顧。但是文化協會以「文化劇」配合活動，提倡「文化向上」，使社會大眾逐漸對「演劇」的看法有所改變。張維賢從海外遊歷回來之後，一心投效新劇運動，我們雖無從了解他的初衷，但從一九五四年五月二十八日，由台北市文獻委員會所舉辦的「北部新文學，新劇運動座談會」中，張維賢以「從另一個角度，來加以視察」台灣新文學運動的一段話，可以知道其執意獻身

張維賢年少時，是一位無政府主義的信仰者，他的穿著正是代表此信仰的標準「制度」，他的深沈眼神，顯露出自己的信心與信念。

張維賢畢業於曹洞宗僧侶所創辦私立台灣佛教中學林，這所學校的教員多由僧侶充任。

「新劇」，不是沒有原因的：

「台灣本是漢民族移民過來的孤島，這好像美國一樣。昔日封建時代識字的就是文化人，這種古老的社會到了日據時代才獲得了解放，才得新開眼界。青年們到了日本才得看見新鮮的世界。求自由的本能，使他們接受日本的新文化，而對台灣的舊文化抱起不滿，反抗起來，反對台灣的舊的文物制度，這就釀成了新文化運動，換句話說，就是他們從舊的覺醒過來，覓求新的。」

初涉劇壇　移風易俗

一九二〇年代初期，台灣改良戲是沿襲中國文明戲的末流，而中國早期的文明戲也受到日本新派戲劇的影響。一九二四年，台灣有兩個新劇團體成立，一是彰化的「鼎新社」，一是台北的「星光演劇研究會」。

一九二四年，彰化人陳凸（陳明楝）自廈門返台。他曾參加廈門通俗教育社的話劇活動，具有舞台化粧及活動的經驗。大稻埕「摘星網球會」的一群球友，因爲「對台灣當時演出的一般戲劇早已失去興趣，頗想探覓追求一種足以代替這落伍陳

● 一群對時代懷抱著改革、更新信念的年輕人，在鄉野的土地留下了這一張身影。坐者左邊的張維賢，彼時想用戲劇運動改造社會。

腐、不合潮流的一種新劇出現」（張維賢語），於是以摘星網球會會友爲中心，集合對戲劇活動有興趣的同好，請陳凸擔任導師，接受其指導，創設了星光演劇研究會，會員有張維賢、王井泉、余王火、楊木元、賴麗水、陳奇珍、潘薪傳、翁寶樹等人。

星光演劇研究會在陳奇珍的大厝內首次公演，他們搭蓋了一座戲棚，試演了一齣三幕劇—

星光演劇研究會首次公演，在陳奇珍的大厝內搭蓋臨時戲棚，第一次演出的劇目是胡適的作品〈終身大事〉。張維賢（後排左一）為此次演出，對戲劇運動信心大增。

—胡適的作品〈終身大事〉。他們選擇〈終身大事〉做爲出發前的第一齣戲的劇目，或許可以從一九二三年四月十五日《台灣民報》創刊號「俱樂劇」專欄所刊載這篇文章，編者的特別說明，推測他們的心意：

「胡博士乃中華思想界的第一新人。他的令先君（註：胡傳）前清的時代，曾到台灣做官。博士平時的著述，也常常念著台灣。所以和我們的緣故，算來實在不小。記者抄這篇，載上本報，不但介紹博士的名著給讀者閱看，且對博士要表個極大的敬意。盼望其再到台灣同我們同胞談談心。」

據張維賢回憶，〈終身大事〉的演出成果不錯：「這一齣劇因爲男女老幼、社會各級階層均能理解，所以頗獲好評。尤其這些演員大半都是受過中等教育以上的業餘者，當時被認爲是最規矩正經的模範青年，因之大受各界矚目。」

星光演劇研究會首次出擊，有此成績，使他們信心大增，於是再招攬了大稻程著名的詩人與漢醫歐劍窗、名「辯士」（電影解說者）詹天馬，以及蔡建興、葉聯登等人入會，並租用了台北新舞台戲院（位於今太原路，爲辜顯榮所有）。他們於一九二五年十月再度公演，先後演出的劇目有：〈終身大事〉〈母女皆拙〉〈你先死〉〈芙蓉劫〉〈火裡蓮花〉等。

台北市的民眾很快地接受「新劇」的演出，改變了戲劇是「穢淫、妨害善良風俗、有傷風化」的觀感，予以熱烈支持。張維賢如此表示了大家對「星光」公演的看法：（一）最不喜歡看戲，未曾看戲的人，都天天來看，更有一部分觀客（觀眾，第二天闔第光臨；（二）對於演員非但不加輕視譏評，反而稱頌爲現身說法，眾口同聲，目（視）爲好戲；（三）過去不許女人及子女看戲的家長，反而敦促子女來看；（四）團員家庭對我們演戲都沒有反對，王井泉、余王火、林平發三君的太太都來參加，筆者的弟弟（原文作「弟妹」，不確，其弟即攝影家張才）亦曾參加演戲。

推展劇運 涉足政治

星光演劇研究會隨即安排將活動推展到全台各地。當時中南部已有台

● 一九二六年，星光新劇團在「後山」宜蘭公演五天，獲得民風淳厚的民眾熱烈歡迎，台下「嗚咽不絕，手帕亂飛」。張維賢在此紀念照中戴著瓜皮帽坐在前排。

南黎明新劇團、草屯炎峰青年演劇團、彰化鼎新社等劇團，所以他們決定讓偏遠的「後山」也能體認新劇。三個月後（一九二六年元月），「星光」選擇到宜蘭公演五天。正如大家所預期，演出非常成功。根據張維賢回憶，民風淳厚的宜蘭人，竟有著如此熱情、激動的反應：「〈芙蓉劫〉母女慘別時，台下嗚咽不絕，手帕亂飛；〈火裡蓮花〉中有一幕表演一位紳士利用權勢脅迫一個孤弱少女時，台下一位年逾半百的鄉下佬跳上舞台，大罵可惡無理，

● 星光演劇研究會於一九二七年第三回公演的紀念照。後排左一為張維賢，左三為施乾、左五為王井泉。前排左二為周合源、左三為張維賢的弟弟張才、左四為詹天馬。

欺人太甚不絕，幾將動手扭打演員，及至感覺是演戲而非實事時，始匆匆下台逸去。」

張維賢推展星光演劇研究會，不僅心存劇運，也關懷社會。劇團曾義務公演，爲盲啞學校、仁濟醫院、愛愛寮乞丐收容所募集基金。

一九二七年五月，星光演劇研究會爲施乾創辦的慈善機構乞丐收容所「愛愛寮」蓋建寮舍，在大稻埕永樂座及艋舺萬華戲院分別公演了四天三夜。此次演出又增加了一個劇目——日本著名愛情小說《金色夜叉》。

一九二八年正月，「星光」又在永樂座連續演出十天，仍然受到好評。可惜因經費不足，後援不繼，終告解散。

張維賢主辦籌募「愛愛寮」基金的公演，而與爲流浪街頭、臭頭爛耳、身軀殘障的乞丐奉獻服務之博愛團體愛愛寮同仁過往甚密。張維賢原名「張乞食」，因此和愛愛寮創辦人施乾，以及該寮幹部周合源被戲稱爲當代三大「乞食頭」（丐幫的頭頭）。

張維賢、林斐芳、周合源與當時活躍於大稻埕，被視爲「日本怪傑」，以提倡人類愛，創立「人類之家」「稻江義塾」的人道主義者稻垣藤兵衛，組成「孤魂聯盟」，參與社會與政治改造運動。施乾也於日後加入。「孤魂聯盟」的宣言，據說即出自張維賢之筆：

> 「孤魂就是生前孤獨，死後無寄的可憐靈魂，其悲慘哀痛恰似我們無產階級農民現在的生活。我們組織孤魂聯盟，就是要推動我等的光明及無產階級解放運動。」

孤魂聯盟勢單人薄，在台灣非武裝抗日運動中所扮演的角色，只是澎湃的政治社會運動中的「孤魂」而已！

服務書店　赴日習藝

在當時的社會環境，從事演劇是不可能養家活口的，甚至餬自己的口很也困難，張維賢爲了生計，不得不找個工作。一九二七年，他到《台灣通史》作者連雅堂所經營、位於台北市太平町（今延平北路）三丁目的雅堂書局上班。連雅堂是一位文弱書生，每天只埋首看書，因此張維賢除了負責外務，也得協助內務，並擔任哲學與戲劇、小說類圖書的進貨，自己也得以「事上磨練」，博覽群書。雅堂書局賣的皆是向大陸商務、中華、世界等書局進購的書籍，而當時有些漢文書籍如《三民主義》被殖民政府列爲禁書，得以查扣沒收，因此日本特高警察常到雅堂書局找張維賢麻煩。他不僅不怕，還對那位名叫宗森的特務下逐客令，且說如果下次再來，要其賠償書局受干擾的營業損失。

由於他參加的孤魂聯盟受到日本殖民政府的關注，並連累星光演劇研究會會員遭到調查，再加上雅堂書局的經營一日不如一日，張維賢爲擺脫此不愉快的場面，決定轉換環境，向老闆提出辭呈。連雅堂深知這位二十四歲的年輕人絕不僅是一個小書局店員的料子，不但鼓勵他另行發展，並贈與珍藏的清代光（光緒）、宣（宣統）版《無政府主義》一書。

一九二八年冬，張維賢東渡日本深造，赴東京左翼劇場「築地小劇場」研習。此時「築地」創始人小山內薰已經過世，劇場分裂成「築地」和「新築地」。張維賢出入劇場，以及紀念日本文豪坪內消遙的演劇圖書館，認眞學習，視野大開，「祇覺得過去所學的，都是一知半解，僅得皮毛，」他還做了如此反省：「與戲劇發生關係已有五年，入築地小劇場，便覺得人家已是發育健全的成人，自己只好算是出世不久的嬰兒，於演劇眞諦，絲毫不懂。」

張維賢在日本除了探求日本劇場的工作情形之外，我們從文史學者毛一波的一段追述可以了解他對社會運動的另一方面認知：

「我們是一群社會革命者、文學青年。……我們常常漫遊神社之旁的墓園，青林綠葉間，掩映著不朽的夏目漱石和樋口一葉的佳域。我們研究、討論知識分子的歷史感，充滿著每一個人的全身。

在那裏看到岩佐作太郎、山鹿泰治、犬塚員三郎和許多勞動者的實際行動。特別是那年的五月一日，他們扛著黑旗，與赤色工會分庭抗禮。看著，看著，東北的丙希可、台灣的張維賢，他們不但動容，而且手口並動了。日警捲入人潮，人潮洶湧而有相當的秩序，這是所謂合法的勞工運動。」

創辦民烽　實踐理想

一九三〇年二月，張維賢學成返台，迫不及待地和「台灣勞動互助社」的無政府主義信仰者合組「民烽演劇研究會」。當年四月十二日，民烽劇團同仁發表宣言，全文如下：

「我們祖先生活在過去，我們生活在現在，未來的歲月，我們也必得生存下去。無論是過去或現在的生活，我們遭遇了太多太多的逆境和強權的欺凌蹂躪以及侮蔑，以致被壓制得喘不過氣來。但是我們不能因之屈服，而且要不斷努力，突破困境，奮戰不懈。我們束心盼望，追求『真正人類的生活』是我們

奮鬥的目標，藝術即是藉此而產生了意義。

藝術的目的，即是在教育群眾以正確的觀念，來糾正人類無窮的慾望；並暗示群眾協力迎接一個嶄新的秩序之到來，而得改變傳統陋習。在追求理想過程中，正確的觀念與堅定的意志，才能喚醒社會大眾的認同，至於要建設大同社會的理想，惟有靠藝術來成全了。

藝術具備結合大眾思想與情感的功能，透過藝術的發展向上，可使社會充滿創造力並洋溢著新生命。因此藝術和科學並不相互排斥，而且是互輔互成的骨肉。藝術的真正使命，也在於能夠喚醒我們開拓寬廣的視野，暗示我們追求人類生存的真實意義。

看！傳統社會泯滅人性之餘，過去的藝術家、思想家仍前仆後繼努力革除人類的劣根性，他們的努力，無非想追求富的理想、希望的社會。然而，令人置疑的是，現在的藝術家是否能稱為真正的藝術家？因為他們已失卻了真誠的面貌，而成為時代怪胎。所謂的現代藝術家，他們攀緣附勢、阿諛奉承、譁眾取寵的行為，成了特權階級的玩物，甚至死命歌頌法西斯，打擊反對派的演員、藝術家，他們的作為，無異增長專制統治的氣焰，使人民終身成為奴隸。

看！現在所謂的民眾藝術、大眾藝術，所有的文藝、戲劇、音樂、美術，成為了愚弄大眾的反動工具而已。因此，處今之世，如何諒解並關懷人生，並揭露那御用藝術的黑暗，是我們要努力以赴的目標。

本劇團同仁，對聲稱不關心藝術的社會大眾，大聲呼籲，請儘速參與為藝術而藝術的劇團，協心合力完成我們對藝術的神聖使命。」

我們今日無從知道這份宣言是否爲張維賢執筆，但是克魯泡特金的理想主義和無政府主義精神躍然紙上。以他當時積極與台北、彰化等地的無政府主義者接觸和擔任剛成立的「台灣勞工互助會」的指導觀之，此宣言必有他的理念、精神！

民烽訓練　課程完備

一九三〇年六月十五日，民烽演劇研究會在台北市大稻埕蓬萊閣舉行成立大會，隨即召募三十餘名研究生，加以訓練，期使有生力軍投入行列。張維賢親自擬訂了下列的講座，並聘請講師如下：

台灣語研究：連雅堂擔任。

文學概論：謝春木擔任。

近代戲劇概論：黃天海擔任。

音樂：吉宗一馬擔任。

繪畫：楊佐三郎（即楊三郎）擔任。

舞踊：余樹擔任。

有關民烽演劇研究會對研究生的訓練，王詩琅有如下的記錄和評語：

「這種陣容、內容在當時都算是周密而且堅強，換句話說，在那短期的講習中，凡是需要的基本學科，可以說幾無不備。他們訓練學員演技的態度，也是很嚴格的，稍有不合，都是一而再、再而三，非到能夠稱心滿意不停。」

● 一九三〇年，民烽演劇研究會創立，張維賢深切期待台灣新劇能給社會一新耳目，因此對研究生的訓練要求是很嚴謹的。不過也因此有「台灣人很難培養好演員」的感嘆。

可惜三十幾位研究生經過了幾個月的訓練後，竟然走了大半，只剩下十來人而已，張維賢很感嘆地說：「經過這樣的教訓，才覺得台灣人中很難培養出好演員。其一，因爲當時台灣生活單純樸實，更罕有各式樣的人出入，即使偶爾遇到，因爲無心求道，亦看不出是人才。二、沒有專供研究的好新戲。三、演員的軀體不能隨意指揮活用，大多數都不能自我約束，使之運用如意，在演出時，易使觀眾生出矯揉做作的反應。四、基礎學識尚淺，社會見聞更少。在這種見淺識陋的環境中，模仿尚感無門，哪裡還談得到創作？」

雖然學員日少，但是張維賢並不氣餒，仍然抱著知其不可爲而爲之的精神，持續訓練工作。其間，他自感肢體語言的重要，再赴東京的舞蹈學院學習「達魯庫羅茲」全身韻律運動。半年後，返台糾集舊學員，重新開課，並以編自達比特賽斯基劇作〈一美元〉做爲訓練腳本，使學員更能領悟演劇的實務與理論。

演出成功　轟動劇壇

一九三三年秋，民烽演劇研究會終於將成果向社會公開，於台北市大稻埕永樂座公演四天，排出的劇目如下：

徐公美作〈飛〉　獨幕

佐佐春雄作〈原始人的夢〉　九幕　（張維賢編劇）

達比特賽斯基作〈一美元〉　獨幕　（張維賢譯）

易卜生作〈國民公敵〉　五幕　（張維賢譯）

這次的舞台設備不僅包括攜帶用配電盤的整套全新照明器具，且有燈光師專司其事，如此大手筆，算是空前創舉，觀眾的水準也高，與文明戲時代大相逕庭，證明張維賢的苦心孤詣並付之實踐的努力，不是白費的。王詩琅對民烽初試啼聲的成績，有如此中肯的評語：

「他選演的這些劇本，他認為夠世界水準，適合當時的台灣社會情形，且都是在譏諷世相，還足以表現他的藝術觀，以及思想之一端。易卜生劇過去是世界演劇上的難題，他居然選演它，正是一種大膽的嘗試，也可以看做是他宣佈台灣的演劇，將朝向世界最高水準進軍。經過此次的公演，不但民烽劇團受人重視，他在新劇界的地位，也更形鞏固和重要。」

一九三四年二月二十五日到二十八日，在台日本人組織的「台北劇團協會」舉辦爲期四天的「新劇祭」，參加的台北演劇俱樂部、新人座、台北劇集團等，都是日本人組織的劇團，他們不是高等學校學生，就是公務員和公司職員，而民烽劇團是唯一應邀參加的台灣人劇團，成員大多數爲公學校（小學）畢業，因此有人擔心在新劇祭的表演

● 張維賢（右一）在1935年「始政四十週年博覽會」於公會堂（今北中山堂）演出「寸劇」，翅飾演日本武士。

中，民烽劇團必然落敗。

新劇祭選定在日本人居住地帶西門町的榮座（今日的萬國戲院），因此觀眾以日本人居多，佔了地利人和。在如此不利的條件下，張維賢率民烽劇團與會，以台、日語「雙聲帶」的拉約斯美拉原作〈新郎〉（獨幕）參加，聲勢竟然壓倒了日本人的劇團，爲台灣人揚眉吐氣。難怪，當年不管台、日人只要提到新劇，莫不伸出大拇指說：「張維賢的好！」

然而，台灣新劇依賴民烽劇團獨力支撐是不夠的。張維賢感嘆新劇人才培養不易，但仍不願放棄理想，還天眞認爲獨木也可以撐天，準備再進行未來的計畫。

偃旗息鼓　浮沉商場

然而，形勢比人強，民烽劇團並沒有能夠繼續發展。客觀環境使張維賢有英雄無用武之地的慨嘆，劇團活動不得不偃旗息鼓了。戰時，皇民化運動的步伐愈來愈緊促，所有戲劇被迫歌頌「聖戰」，爲軍國主義做宣傳。張維賢知道東山再起的機會渺茫，決定放棄舞台生涯，潛往大陸營商。

日本投降，張維賢並未匆促返台，他認爲在上海商場仍有發揮空間。

張維賢在十里洋場的上海頗有收穫，但是經商賺來的錢，最後還是留不住；逐利幾年，竟又成空。一九四七年，二二八事件發生時，他在上海得到消息，焦慮不已，設法與在滬同鄉陳重光等人匆匆包機返台，想了解現況，並對善後盡些力量，然而卻被台灣當局原機遣返。

而後，他深覺大陸內亂的殘局難收，乃舉家由上海返鄉。可能是沈浮商場多年，以及對大陸文化的多年觀察，他對當時台灣荒蕪待整的文化、政治環境

僅止於關懷，而不再涉足。他先在台北市「城內」開了一家國際西餐廳（位於今西寧南路萬年大樓），不過門可羅雀，不得不關門大吉。他繼而投資火柴製造，也告失敗。於是痛下決心，隱居宜蘭頭圍的福德山，從事開墾，養豬種橘度日，題其山居為「歸農」。

然而，他決不是一個甘做「隱者」而自足的人。在台語電影大行其道的時候，他在朋友慫恿下復出，創辦電影製片公司，他與從前在上海做貿易，都是「東陸里」的好鄰居林坤鐘、劉金圳、林江水、邱陳傳等人在台北火車站前館前街（以後稱「館前路」）成立東陸影業公司，自任總經理。一九五八年拍攝

●〈一念之差〉是張維賢電影事業發展的第一步，不幸此一部最良心、最努力的台語片賣座奇慘，也因此成為他的影劇事業最後一步。這張是電影本事的背面廣告。。

影片〈一念之差〉。不過，戲劇與電影畢竟隔著一道牆，雖然王昶雄在廣告單上介紹張維賢爲「演劇大師」，但是影片成績不佳，第一個檔期只有從六月七日至六月十日三天。賣座奇慘，匆促下片，與他身兼編導、業務，裏裏外外奔忙不無關係，然而我們從他禮聘樂壇大師級人物陳清銀寫配樂、呂泉生作電影插曲，可知他刻意求好的心理。

張維賢不僅是一個戲劇運動家，更是一位思想家。雖然有「壯志未酬」之憾，但他在台灣戲劇史上留下了永恆的章節。

〈一念之差〉賣座不好，使他了解劇場和影壇是有隔閡的，乃放棄從影的念頭。他接著在台北縣三重埔五穀王廟街設養雞場，不料一九六三年九月十日，葛樂禮颱風帶來的洪水淹沒了雞場，損失不貲。在屋漏偏逢連夜雨的困境下，他再遷居台北市西園街，成了眞正的無業遊民。

虛無青年　賢者影像

張維賢，一位虛無青年、一位社會運動者、一位戲劇家、一位生意人、一位製片家，他的生命力並沒有完全燃燒，「時不我予」是他的致命傷，也因此每一段事業都是壯志未酬。

一九七七年五月十八日，張維賢告別人生舞台，享年七十二歲。對於他的

一生，我們可以從王詩琅的悼文體會他不得意的心境、不得志的心情，以及吶喊不出的心聲；從中也可以看到當代許許多多知識分子的身影：

「他在為人方面，自年輕時就和藹可親，喜歡管閒事，幫人家忙，而且喜歡說話、善辯。他的『保伯仔』的外號，據說就是從台灣俗諺『保伯仔好管閒事』而來。自昔，凡是親朋戚友有事，他都樂意幫忙。他的辯才也是聞名遐邇的。演劇時，他的口白吸引人，固不消說就是後來在反日運動的演講會，他那熱情充沛的辯舌，也是令人難以忘懷的。

他的直言也是足令人生畏的，他凡事都直言不諱，遇有不順眼的事，歪曲的言辭，通常他都直指那個人冷嘲熱諷，或是大發雷霆痛罵，使人難堪，『黑張飛』的綽號，可以說很恰當。

晚年，這位素來能言好辯的人，忽然沈默起來，通常都是板著臉，一語不發，默默地靜坐，對他有問才答，這是很大的轉變。」

自許爲「新劇台灣第一人」的張維賢，早年爲台灣新劇運動投下不少心力，雖因客觀原因無法終其一生盡瘁劇運，但是他在台灣戲劇運動史的地位，絕對是風範典型。

張維賢（後站者）在朋友眼中，「喜歡管閒事、幫人家忙，而且喜歡說話、善辯」，難怪有「保伯仔」的綽號。坐者左為王井泉。

張維賢年表

1905	01歲	五月十七日（農曆四月十四日）生。（草屯）。
1923	18歲	台北中學校畢業。往中國沿海及香港、婆羅洲遊歷。
1924	19歲	參加星光演劇研究會，積極推展戲劇運動。
1925	20歲	糾合無產青年，成立台灣藝術研究會。
1926	21歲	參加「星光」在宜蘭公演五天，將新劇帶到「後山」。
1927	22歲	就職於連雅堂開設的雅堂書局，擔任店員及兼外務。星光演劇研究會爲愛愛寮義演，蓋建寮舍。與友人成立孤魂聯盟。
1928	23歲	東渡日本，進東京築地小劇場研習，目睹日本勞工運動。
1930	25歲	返鄉。組織民烽演劇研究會。召募三十餘名研究生，開辦戲劇講座。
1933	28歲	「民烽」在大稻埕公演四天。

1934	29歲	「民烽」參加在西門町榮座舉辦的新劇祭，和日本人的劇團競技。
1942	37歲	皇民奉公會外圍組織台灣演劇協會成立，管制一切演出，在不可爲下，往中國經商。
1947	42歲	台灣發生二二八事件，由滬返台被遣返。
1954	49歲	參加台北市文獻委員會舉辦「北部新文學、新劇運座談會」。
1958	53歲	〈一念之差〉上演，賣座不佳。
1963	58歲	葛樂禮颱風襲台，投資養雞場全毀，血本無歸。
1977	72歲	五月十八日因口腔癌病逝。

附錄 「台灣第一」的家

樺榯國際文化事業總編輯 何文榮

去採訪莊永明前，攝影黃鎮洋告訴我，一定要去他家拍，去他家就會知道莊永明收集資料到怎麼樣的程度。鎮洋形容說：「要先把一堆資料搬開，才可能清出座位來。」眞的是這樣嗎？

家裡滿堆的資料彷若夜市攤

第一次見面，和莊永明約在台大醫院的新大樓裡。他說他在那兒有個辦公室。

莊永明在台大醫院有個辦公室？是的，在台大醫院新大樓的二樓，他在那兒已經有兩年的工作時間了，他在那兒整理撰寫台灣醫療史。

帶我進辦公室後，他向我說了聲抱歉：「沒有椅子可以坐！」，那兒只有一張他工作用的椅子。除了椅子外，就是桌子、資料櫃、還有到處擺放的資料。我心想，還沒到他家見識，就先看到他和資料相處的情形。

後來，我們還是去莊永明家採訪、拍照了。

約好是晚上，我和鎮洋在他家旁狹小的巷弄裡勉強找到個停車位後，便到旁邊的大龍峒夜市吃晚餐。夜市裡擁擠，不過沒有高樓大廈的環伺，不算太熱。反倒是空中不時飛過的飛機，在空中留下的噪音，讓這個夜市顯得有點煩躁。

莊永明家就在這個夜市旁的巷子，在這個天空噪音的範圍裡。做爲一個寫作的人，莊永明居住的老台北，實在讓人難以靜心。可是，當我們進到莊永明家時，我們才知道，先前外在的夜市環境，只是讓我們預習的暖身——如果把大龍峒附近的夜市看成是莊永明的家，那麼一個個的攤販，就彷若像是莊永明家裡一堆堆的資料了。

一張多年的高板凳就是書桌

莊永明來開門了，鐵門很大，是屬於很寬的、可以並立兩人的那種鐵門，然而寬雖寬，門後的走道卻是窄到僅能一人通行，我還沒來得及看看門後走道兩旁的「世界」時，兩道鐵門中間的門檻卻先令我一愣。

兩道鐵門中間，有一個矮矮的門檻，門檻上，擺放的不是莊永明的資料，而是一隻一隻的鞋子，那應該不是莊永明的鞋子，而是莊家大小的鞋子。也許是莊太太、也許是莊永明兩個女兒的。鞋子放了四隻，都是單一單一的相接而排。看到這樣的景況，我實在不知道怎麼辦？脫下來的鞋子該怎麼辦？哪裡放呢？我在莊永明家中沒看到鞋櫃，也許有，我沒看到，也許被莊永明的資料淹沒了。

就是莊永明家的資料。就是他的資料，讓門後的走道變得擁擠，不止讓來客找不到放鞋子的地方，也讓家人得在一寸一尺間自行想辦法、在資料上擺放家用品，在門檻上放鞋子。事實上，進了莊永明家，你會發現，不僅找不到鞋櫃，連一般家庭常見的沙發、矮櫃都不見。或者這麼說，不是不見了，只是淹沒在資料中。

客廳裡有兩張小藤椅，鎮洋說大概是為了我們去採訪，特地清出來的，鎮洋說他以前為〈PEOPLE國際中文版・臺灣百人傳〉專欄來莊家取稿時也沒看過。那這樣子，莊永明在哪裡完成他的文章、他的一本本關於台灣的書呢？答案是放在一旁的高板凳，莊永明就坐在小藤椅上，拿高板凳當書桌，寫他的書、整理他的資料。板凳的高度不是一般的高度，他說那是他媽媽當年訂做的，大概有三、四十年的使用時間了。

沒機會上圖書館 只好自己收集

說完板凳的歷史，莊永明補上一句：「我不像李敖有那樣的空間，可以『轉檯』來工作。」才說完，他從另個櫃子裡翻出了李敖的回憶錄。也許他想翻些李敖的什麼事來說給我

黃鎮洋／攝影
樺樹國際文化／提供

聽，但話題卻沒在上頭停留，但是，很明顯的，莊永明的資料就是莊永明的資料，雖然到處看起來像個收舊貨攤，但「亂中有序」吧，他總是記得大概在哪一邊、哪一堆、哪一層，還有那是什麼樣的資料！

沒有像李敖那樣的空間，莊永明就只得「善用」這個家的空間了。大概除了餐桌沒有被莊永明侵佔外，家中能用的空間都已堆滿資料了，鎮洋說連主臥室裡也一樣。莊家有29坪，三房兩廳，莊永明夫婦用一個房間，兩個女兒用一個房間，其餘的除餐桌、廚房外，全給了資料。連一般家裡常見的電視，在莊家都是小小的、舊舊的，躲在一堆資料裡。不過，這樣的家卻是莊永明的好圖書館，他

黃鎮洋／攝影
樺榭國際文化／提供

說自己因爲白天上班工作的關係，根本不可能去圖書館找資料，尤其是以收藏台灣資料聞名的中央圖書館台灣分館。於是，他只好靠自己來建立自己的資料室了。

資料，除了資料還是資料。在莊永明家的話題也都是在資料上頭轉，只見他一會兒拿了一本日據時代出版的、有關台灣的百科全書，一會兒又找出一堆他買來的明信片，告訴我這裡是總督府、那裡是又是什麼，或是在另個櫃子裡拿出一包包顯然是分類好的郵票。那都是他的收藏、他的資料、他研究台灣的證據、也是他大半輩子的紀錄。

爲了存錢買資料，沒敢出國玩

問他最早收藏的的東西是什麼？只見他馬上跑進房間裡，不一會兒，拿出一本檔案夾，從中抽出一張用塑膠袋保護著的文件，那是莊永明剛出生沒多久時接受種痘的證明，他說以前這樣的文件必須隨身攜帶，不然被查到是會很麻煩的。那當然不是他接種完就收藏的，那是他讀小學時看到後便保留下來的。

除了收集保留外，莊永明大部分的資料必須從舊書店裡買得。他說舊書店裡有很多好東西，但需要多留意才能找到，尤其是現今，大家都覺得舊資料能賣錢，更加珍惜，也更不易買到，不然就是要花更多的代價，像他幾年前買到的一批日本人印製的、有關台灣早期的明信片便花了他45萬元。問他花費在買資料的開銷有多大？莊永明給了一個概略的數字——平均每個月10萬元，所以他說：「從來沒出國玩過！」理由很簡單，賺來的錢都給他用到買資料上了，即使連去年太太和女兒到義大利威尼斯旅遊，莊永明也是負責「留守」。

對莊永明而言，逛舊書店也幾乎成了一種習慣，他說每星期至少都會去一次，有哪個星期沒時間去，就會覺得渾身不自在。另外，他也是每星期都會找時間去集郵社、郵商那兒找郵票、買郵票，「哪個禮拜沒去買郵票，就會覺得怪怪的。」莊永明說他收集的郵票差不多有十萬張了，其中各國郵票包羅萬象，可以用諾貝爾文學獎爲主題、用音樂家、用獨立紀念……等主題分出一批一批的郵票，莊永明說那是他接下來的希望，想將這些郵票整理整理，像他想整理台灣老明信片一樣，把這些寶貴的資料轉化爲可讀性高的書籍。

▼情治單位的電話：爲什麼只寫台灣？▲

莊永明收集的資料、發表作品幾乎都是和台灣有關，不管是人物、老街、歷史、古蹟、諺語、民俗……等都是緊緊扣住台灣。問他在以前比較不開放的年代裡，是否曾經遭受過政府情治單位的約談或「壓迫」？莊永明說就只曾有一次，不知是哪個單位的，打電話到他服務的大同公司的安全室，查詢莊永明，問說爲什麼都在寫和台灣有關的文章；還要找時間和他談談。

不過，就這樣而已，莊永明對那個人說，原因是對這些資料有興趣，沒有什麼目的。結果那人就此作罷，後來兩人也沒有實際的會談。

第一次見到莊永明時，還沒說上些什麼時，他就提及了他父親當年的情況。他說他父親是個生意人，剛好遇上早年的台灣民主運動。莊永明說，他父親還在讀書時就喜歡去聽民主運動的演講，而我心裡卻納悶這和莊永明收這堆資料、作這些研究有關嗎？他說父親後來被以「參與台灣民主運動」的名義抓走。而在父親過世後，莊永明無意間在一堆舊報紙裡，讀到父親的消息，然後才去向母親求證報紙裡寫的父親的事。「很多東西要靠自己去找！」莊永明在這個經驗裡，得到這樣的心得，而也許是這個經驗心得吧，讓我們看到了這樣的莊永明。

莊永明的台灣路

作家李喬說，莊永明提出的「台灣第一」就這四個字便足夠永垂不朽了。

莊永明是一九四二年出生的，離開學校以後，便進入大同公司的相關企業台灣通信公司當會計，這一當便當了26年，直到前幾年才退休。莊永明驕傲的說，26年的上班生涯裡，他有24年的全勤，直到末兩年，他對大同公司失望了，才開始有請假的情形出現。其實，這方面的莊永明還眞有些「台灣第一」味呢！他說他從小學、中學、大學都是全勤的。

而現今我們看到的有關莊永明的著作、文章，有些是他在大同公司工作時的同期產品。莊永明還開玩笑的說：「大同公司如果哪天不見了，林挺生（大同公司創辦人）不會留名，但我和吳濁流卻會留名。」意思是說，林挺生的大同公司畢竟只是個營利的公司，在本土文化事業上的建樹有待考驗。吳濁流是台灣本土文學家，曾在大同高職（也是大同公司的相關企業）教書；莊永明是研究台灣史的民間學者，也留下不少著作了。而這其中，莊永明有不少的文章，當時都曾發表在大同公司的企業刊物《大同雜誌》上。

莊永明說當初會在大同雜誌寫有關台灣的故事、歷史，並不是因爲自己是大同的員工，而是因爲另一位台灣文學家鍾肇政的推薦。

大約是一九八三年左右，莊永明寫了篇紀念台灣歌謠作家李臨秋的悼文〈臨秋花萎望春風〉，投稿遭退，但卻被當時辦《雄獅美術》雜誌的李賢文看到了。

當時雄獅美術改版爲綜合性的刊物，不再以美術爲界限，遂邀請莊永明在雄獅美術開專欄【台灣音樂家系列】介紹台灣的音樂家。李賢文還曾告訴莊永明，〈臨秋花萎望春風〉是李臨秋逝後有關的悼文中最好的。

就這樣，莊永明利用下班後的空閒時間幫雄獅美術作採訪寫稿。當時，李賢文還跟著莊永明去作採訪。不過六、七期後，雄獅美術的編輯方向又回歸爲美術，莊永明也就停止這邊的寫作。不過，他在雄獅美術上的文章，也爲鍾肇政看到，所以當大同雜誌向鍾肇政邀稿時，鍾肇政便告訴《大同》，自家公司裡有人會寫，也就這樣開始在大同雜誌長年的寫作，也打開了他的寫作生涯。

——本文原載於一九九七年九月PEOPLE雜誌

【誌謝】

本書的圖片，除了少許是我個人的收藏，大都得自傳主的親人，對於他們無私的授權使用，在此表達感謝和敬意。

蔣渭水▼蔣松輝、蔣志揚

黃呈聰▼黃雄志

王受祿▼王忠信

張我軍▼張光直、林海音

張深切▼張孫煜、吳榮斌

韓石泉▼韓良誠、韓良俊

林呈祿▼林益謙、黃天橫

張維賢▼張　才

生活台灣

為您導覽台灣的
歷史名蹟與人文風景

小市民逛博物館

李欽賢◎文、繪圖

到博物館走一遭，也可以是非常具有娛樂性的休閒活動，端看你是用什麼心境與方式，去體會博物館的一切。台灣研究與美術專家李欽賢，將在本書中以生動有趣又兼具美感的角度，帶大家走訪台灣各地別具特色、寶藏無窮的各種專題博物館，如：大家耳熟能詳的台灣省立博物館、北投文物館、緬懷一代大師的胡適紀念館、李石樵美術館，抑或是新奇有趣的袖珍博物館、風箏博物館或李天祿布袋戲文物館……等。

◎定價350元

CE0058

CE0060

台灣老樹之旅

心岱◎文、阮榮助◎攝影

隨著都市的開發建設，許多老樹被迫遷移或砍伐；這些飽經大自然淘汰與人間滄桑的老樹，不僅印證台灣開發的歷史、環境變遷，更表現了當地民間的人文風土，是認識本土文化的活標本。本書從旅遊的觀點，帶領讀者拜訪這些碩果僅存的老樹，希望帶我們重溫先民走過的痕跡，瞭解人文風俗的演進，以期留下珍貴的歷史記錄與欣賞價值，是一本休閒觀光又兼具生態教育精神的旅遊資訊書。

◎定價350元

生活台灣

為您導覽台灣的
歷史名蹟與人文風景

台灣人文風景100點

李欽賢◎文、繪圖

本書記錄走訪台灣100個具歷史價值的歷史風景點，是印證台灣文明發展的歷史場景，這些尚有跡可尋的歷史現場能夠僥倖存在，只因為未被過度重視，說它們是歷史風景，其實也是現實風景。作者從北到南，以素描描繪當地景觀，以文字敘述其人文、歷史、地理等淵源背景故事，牽動他畫筆的最大力量當然就是一股對歷史感情的執著。

◎定價320元

CE0054

CE0056

台灣懷舊之旅

黃金財◎著

本書描繪四、五〇年代的臺灣生活，作者踩踏著先民的腳步，尋跡蒐錄先民在食衣住行育樂層面的智慧與文化遺產。本書分為四大類：古老行業、民俗活動、民間技藝及地方特產。從已漸失傳的彈棉被、挽面到民俗活動的「龜祭」、「做十六歲」；民間童玩的打陀螺到名聞遐邇的汶水「茶壽」、新竹「柿餅」，一一介紹其歷史、名家、傳說及製作過程。內容豐富多元有趣，是一部古早臺灣先民生活小百科。

◎定價400元

生活台灣 台灣諺語淺釋系列

莊永明 爲方言文化所作的見證

老先覺留給我們的遺訓，不僅有逗趣的本質，也有深刻的意義，一句台諺，可以是一句殷切的叮嚀話語，可以是一首美妙的短詩，也可以是一篇精闢的「極短篇」，和一句可以思索無窮的哲語，如此真、善、美的「語言」，我們能任其消失於「生於斯、長於斯」的土地上嗎？台灣諺語淺釋系列，為您保留草根文化的智慧，與言語的妙趣韻味。

CE0011
台灣金言玉語
——台灣諺語淺釋(1)
◎定價150元

CE0012
台灣警世良言
——台灣諺語淺釋(2)
◎定價150元

CE0013
台灣好言吉句
——台灣諺語淺釋(3)
◎定價150元

CE0014
台灣俗語眞言
——台灣諺語淺釋(4)
◎定價150元

CE0015
台灣雅言巧語
——台灣諺語淺釋(5)
◎定價150元

CE0016
台灣土話心語
——台灣諺語淺釋(6)
◎定價150元

CE0017
台灣醒世智言
——台灣諺語淺釋(7)
◎定價150元

CE0018
台灣妙言覺語
——台灣諺語淺釋(8)
◎定價150元

CE0019
台灣勸世嘉言
——台灣諺語淺釋(9)
◎定價150元

CE0020
台灣口語白話
——台灣諺語淺釋(10)
◎定價150元

生活台灣62

台灣百人傳1

作　者—莊永明
董事長
發行人—孫思照
社　長—莊展信
出版者—時報文化出版企業股份有限公司
台北市108和平西路三段二四〇號四F
發行專線—(〇二)二三〇六—六八四二
讀者免費服務專線—(〇八〇)二三一—七〇五
(如果您對本書品質與服務有任何不滿意的地方，請打這支電話)
郵撥—〇一〇三八五四～〇時報出版公司
信箱—台北郵政七九～九九信箱
電子郵件信箱—ctliving@readingtimes.com.tw

主　編—心岱
編　輯—項慧齡
美術編輯—盧紀君
校　對—莊永明、項慧齡、廖寧
製　版—凱立國際印前印刷股份有限公司
印　刷—富昇印刷有限公司
初版一刷—二〇〇〇年五月二十二日
定　價—新台幣三二〇元

ISBN 957-13-3135-X
Printed in Taiwan

時報悅讀網
http://publish.chinatimes.com.tw

國家圖書館出版品預行編目資料

臺灣百人傳／莊永明著 -- 初版. --臺北市
：時報文化， 2000-〔民 89-〕
面； 公分. --（生活台灣； 62）

ISBN 957-13-3135-X(第 I 冊；平裝)

1. 臺灣 - 傳記

782.632 89005846

編號：CE0062	**書名：**台灣百人傳1
姓名：	**性別：**＿＿＿＿ 1.男 2.女
出生日期： 年 月 日	**身份證字號：**

＿＿＿＿ **學歷：**1.小學 2.國 中 3.高中 4.大專 5.研究所（含以上）

＿＿＿＿ **職業：**1.學生 2.公務（含軍警） 3.家管 4.服務 5.金融 6.製造 7.資訊 8.大眾傳播 9.自由業 10.農漁牧 11.退休 12.其他

地址：＿＿＿＿縣（市）＿＿＿＿鄉鎮區＿＿＿＿村＿＿＿＿里

＿＿＿鄰＿＿＿＿路（街）＿＿段＿＿巷＿＿弄＿＿號＿＿樓

郵遞區號＿＿＿＿＿＿

（下列資料請以數字填在每題前之空格處）

＿＿＿ **購書地點／**
1.書店 2.書展 3.書報攤 4.郵購 5.直銷 6.贈閱 7.其他＿＿＿

＿＿＿ **您從哪裡得知本書／**
1.書店 2.報紙廣告 3.報紙專欄 4.雜誌廣告 5.親友介紹
6.DM廣告傳單 7.其他＿＿＿

＿＿＿ **您希望我們爲您出版哪一類的作品／**
1.人文歷史 2.生態保育 3.民間藝術
4.飲食文化 5.觀光旅遊 6.其他＿＿＿

＿＿＿ **您對本書的意見／**
內容／1.滿意 2.尙可 3.應改進
編輯／1.滿意 2.尙可 3.應改進
封面設計／1.滿意 2.尙可 3.應改進
校對／1.滿意 2.尙可 3.應改進
定價／1.偏低 2.適中 3.偏高

您希望我們爲您出版哪一位作者的作品／

＿＿＿＿＿＿＿＿＿＿＿＿＿＿＿＿

您的建議／

＿＿＿＿＿＿＿＿＿＿＿＿＿＿＿＿

請沿虛線撕下後對折裝訂寄回，謝謝！

請沿虛線摺下裝訂，謝謝！

廣告回郵
北區郵政管理局登
記證北台字1500號
免貼郵票

時報出版
CHINA TIMES PUBLISHING COMPANY
尊重智慧與創意的文化事業

地址：台北市108和平西路三段240號4Ｆ
電話：（080）231-705（讀者免費服務專線）
（02）2306-6842。2302-4075（讀者服務中心）
郵撥：0103854-0 時報出版公司

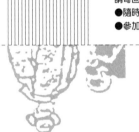

請寄回這張服務卡（免貼郵票），您可以——
●隨時收到最新消息。
●參加專為您設計的各項回饋優惠活動。

生活台灣

祖先的步履‧你我的城市

寄回本卡，掌握生活台灣的最新出版訊息。